MARCO POLO
SYRIEN

Reisen mit
Insider-Tipps
Diese Tipps sind die ganz speziellen Empfehlungen unserer Autoren. Sie sind im Text gelb unterlegt.

Fünf Symbole sollen Ihnen die Orientierung in diesem Führer erleichtern:

★ *für Marco Polo Tipps – die besten in jeder Kategorie*

für alle Objekte, bei denen Sie auch eine schöne Aussicht haben

für Plätze, wo Sie bestimmt viele Einheimische treffen

für Treffpunkte für junge Leute

(110/A1) *Seitenzahlen und Koordinaten für den Reiseatlas Syrien*
(U/A1) *Koordinaten für den Stadtplan Damaskus im hinteren Umschlag*
(O) *außerhalb des Stadtplans Damaskus*
Zu Ihrer Orientierung sind auch die Orte mit einer Koordinate versehen, die nicht im Reiseatlas eingetragen sind.

Diesen Führer schrieb Peter Pfänder. Er arbeitet als Redakteur beim Reisemagazin »abenteuer und reisen« in München. Syrien kennt er durch zahlreiche mehrmonatige Aufenthalte.

Die Marco Polo Reihe wird herausgegeben von Ferdinand Ranft.

Die aktuellsten Insider-Tipps finden Sie im Internet unter www.marcopolo.de

MAIRS GEOGRAPHISCHER VERLAG

MARCO POLO

Für Ihre nächste Reise gibt es folgende Titel dieser Reihe:

Ägypten • Alaska • Algarve • Allgäu • Amrum/Föhr • Amsterdam • Andalusien • Antarktis • Argentinien/Buenos Aires • Athen • Australien • Azoren • Bahamas • Bali/Lombok • Baltikum • Bangkok • Barbados • Barcelona • Bayerischer Wald • Berlin • Berner Oberland • Bodensee • Bornholm • Brasilien/Rio • Bretagne • Brüssel • Budapest • Bulgarien • Burgund • Capri • Chalkidiki • Chicago und die Großen Seen • Chiemgau/Berchtesgaden • Chile • China • Costa Blanca • Costa Brava • Costa del Sol/Granada • Costa Rica • Côte d'Azur • Dalmat. Küste • Dänemark • Disneyland Paris • Dolomiten • Dominik. Republik • Dresden • Dubai/ Emirate/Oman • Düsseldorf • Ecuador/Galapagos • Eifel • Elba • Elsass • Emilia-Romagna • England • Erzgebirge/Vogtland • Finnland • Flandern • Florenz • Florida • Franken • Frankfurt • Frankreich • Franz. Atlantikküste • Fuerteventura • Gardasee • Golf von Neapel • Gomera/Hierro • Gran Canaria • Griechenland • Griech. Inseln/Ägäis • Hamburg • Harz • Hawaii • Heidelberg • Holl. Küste • Hongkong • Ibiza/Formentera • Indien • Ionische Inseln • Irland • Ischia • Island • Israel • Istanbul • Istrien • Italien • Italien Nord • Italien Süd • Ital. Adria • Ital. Riviera • Jamaika • Japan • Jemen • Jerusalem • Jordanien • Kalifornien • Kanada • Kanada Ost • Kanada West • Kanalinseln • Karibik I • Karibik II • Kärnten • Kenia • Köln • Königsberg/Ostpreußen Nord • Ko Samui/Ko Phangan • Kopenhagen • Korfu • Korsika • Kos • Kreta • Kuba • Languedoc-Roussillon • Lanzarote • La Palma • Leipzig • Libanon • Lissabon • Loire-Tal • London • Los Angeles • Lüneburger Heide • Luxemburg • Madeira • Madrid • Mailand/Lombardei • Malaysia • Malediven • Mallorca • Malta • Mark Brandenburg • Marokko • Masurische Seen • Mauritius • Mecklenburger Seenplatte • Menorca • Mexiko • Mosel • Moskau • München • Namibia • Nepal • Neuseeland • New York • Niederlande • Nordseeküste: Niedersachsen mit Helgoland • Nordseeküste: Schleswig-Holstein • Normandie • Norwegen • Oberbayern • Oberital. Seen • Österreich • Ostfries. Inseln • Ostseeküste: Mecklenburg-Vorpommern • Ostseeküste: Schleswig-Holstein • Paris • Peking • Peloponnes • Peru/Bolivien • Pfalz • Philippinen • Phuket • Piemont/Turin • Plattensee • Polen • Portugal • Potsdam • Prag • Provence • Rhodos • Riesengebirge • Rocky Mountains • Rom • Rügen • Rumänien • Russland • Salzburg/Salzkammergut • Samos • San Francisco • Sardinien • Schottland • Schwarzwald • Schweden • Schweiz • Seychellen • Singapur • Sizilien • Slowakei • Spanien • Spreewald/Lausitz • Sri Lanka • St. Petersburg • Südafrika • Südamerika • Südengland • Südsee • Südtirol • Sylt • Syrien • Taiwan • Teneriffa • Tessin • Thailand • Thüringen • Tirol • Tokio • Toskana • Tschechien • Tunesien • Türkei • Türk. Mittelmeerküste • Umbrien • Ungarn • USA • USA: Neuengland • USA Ost • USA Südstaaten • USA Südwest • USA West • Usedom • Venedig • Venetien/Friaul • Venezuela • Vietnam • Wales • Washington D. C. • Weimar • Wien • Yucatan • Zürich • Zypern • Die besten Weine in Deutschland • Die tollsten Musicals in Deutschland

Die Marco Polo Redaktion freut sich, wenn Sie ihr schreiben: Marco Polo Redaktion, Mairs Geographischer Verlag, Postfach 31 51, D-73751 Ostfildern, E-mail: marcopolo@mairs.de

Unsere Autoren haben nach bestem Wissen recherchiert. Trotzdem schleichen sich manchmal Fehler ein, für die der Verlag keine Haftung übernehmen kann.

Titelbild: Omayyaden-Moschee in Aleppo (Schapowalow: Komine)

Fotos: H. Eid (44); HB-Verlag (7, 12, 14, 19, 24, 26, 28, 31, 46, 49, 53, 62, 64, 68, 71, 77, 84, 87); K. Henseler (32); V. Janicke (4, 73); P. Pfänder (20, 38, 45, 52, 58, 66, 69, 74, 79, 80); Schapowalow: Hartig (22, 40), Komine (86, 107); Schuster: Gundermann (56), Kanne (10); Transglobe: Bässler (35)

Chefredakteurin: Marion Zorn

Lektorat: Corinna Walkenhorst

Gestaltung: Thienhaus/Wippermann (Büro Hamburg)

Kartografie Reiseatlas: © Cartographia Budapest

Sprachführer: in Zusammenarbeit mit dem Ernst Klett Verlag für Wissen und Bildung GmbH, Redaktion PONS Wörterbücher

Printed in Germany

Gedruckt auf 100% chlorfrei gebleichtem Papier

INHALT

Entdecken Sie Syrien!

Die kulturelle Vielfalt ist das Erbe von Jahrtausenden menschlicher Geschichte

Syrien ist ein junger Staat und ein Teil jenes alten Kulturraums, in dem die ersten menschlichen Hochkulturen entstanden und wieder untergingen. Die Geschichte Syriens ist bewegt und vom mannigfaltigen Aufstieg und Niedergang menschlicher Macht und Kultur geprägt. Ihre Vielschichtigkeit kann hier nur angerissen werden, auf ihre Spuren stößt man jedoch überall.

In Mesopotamien zeugen die Reste eines 5000 Jahre alten Tempels von der einstigen Pracht des Stadtstaats Mārī. Nicht weniger alt sind die Palastruinen und die Stadtmauern von Ebla in Nordsyrien. In der Königsstadt Ugarit, an der Mittelmeerküste, ritzte man vor mehr als drei Jahrtausenden das erste Alphabet der Menschheit auf eine winzige Tontafel. So entstand mit der assyrischen Keilschrift die »Urahnin« unseres Alphabets.

Seleukiden (Nachfolger Alexanders des Großen), Griechen und Römer hinterließen Theater, Tempel, Säulenstraßen und Gräber. Frühchristliche Sakralbauten und Villen aus der byzantinischen Epoche machen Teile Nordsyriens zu einem Freiluftmuseum der Antike. Die Kreuzritter errichteten im 12. und 13. Jh. gewaltige Festungsbauten. Freunde der islamischen Baukunst wiederum finden unzählige Moscheen, Koranschulen und alte Bäder, die noch in Betrieb sind, weiter Karawansereien, Hospitäler, alte Bürgerhäuser und prachtvolle Paläste.

Palmyra, Glanzstück Syriens

Grob gerechnet 400 Jahre war Syrien zuletzt Provinz des Osmanischen Reichs, ehe es um die Wende zum 20. Jh. zur Wiege der arabischen Nationalbewegung wurde. Als Folge der zunehmenden osmanischen Unterdrückung bricht 1916 die Arabische Revolution aus. Der Traum von der konstitutionellen Monarchie Großsyrien (»Bilād ash-Shām«) scheint wahr zu werden. Dem im 19. Jh. entstandenen Gedanken eines geeinten Staates Großsyrien, der auch das heutige Jordanien, den Libanon und Palästina umfassen sollte, stehen die Pläne Frankreichs gegenüber. Als eine der Siegermächte des Ersten Weltkriegs pocht es auf den ihm im Sykes-

Picot-Abkommen zugesprochenen Anteil an der Erbmasse des untergegangenen Osmanischen Reichs: So findet der Traum von staatlicher Unabhängigkeit in der blutigen Schlacht bei Maisalūn ein schnelles Ende. Es beginnen 25 Jahre kolonialer Herrschaft. Nach einem letzten Bombenangriff auf Damaskus entlässt Frankreich, nicht zuletzt auf internationalen Druck hin, Syrien im Jahr 1946 in die Unabhängigkeit.

Die heutigen Staatsgrenzen Syriens sind also das Ergebnis jüngster Geschichte. Nördlicher Nachbar ist die Türkei, westlich liegt das Mittelmeer, südwestlich hinter dem Antilibanon-Gebirge der Libanon, noch weiter südlich (Golanhöhen) Israel. Die Grenzen zu den östlichen Nachbarn Jordanien und Irak verlaufen streckenweise durch die Arabische Wüste und wirken dort wie mit dem Lineal gezogen; auch hier wird die Handschrift der englischen und französischen Kolonialmächte sichtbar.

Die staatliche Unabhängigkeit Syriens nimmt einen unruhigen Anfang. Auf mehrere Putsche folgen eine Militärdiktatur und dann Ansätze einer demokratischen Entwicklung. 1958 schlittert Syrien in die kräftigen Arme von Ägypten, und die Vereinigte Arabische Republik entsteht. Sie kostet Syrien, das von seinem übermächtigen Partner erdrückt wird, die Souveränität. Nicht nur Wirtschaft und Bürokratie, sondern auch die Armee geraten unter ägyptische Bevormundung. So wirkt der Sezessionsputsch im Jahr 1961 wie ein Befreiungsschlag. Der Kampf zwischen bürgerlichen und sozialrevolutionären Kräften endet 1963 mit der Machtübernahme durch die Ba'th-Partei.

Die sozialistische Umgestaltung von Gesellschaft und Wirtschaft wird propagiert. Dem radikalen Flügel der Partei geht diese zu verhalten voran. 1966 übernimmt dieser Flügel die Macht. Die Neo-Ba'th predigt einen »wissenschaftlichen Sozialismus«, die Zerschlagung der syrischen Bourgeoisie und der reaktionären arabischen Regime. Umfassende Verstaatlichungen, eine weitere Annäherung an die Sowjetunion und eine radikale Außenpolitik, vor allem gegenüber Israel, bestimmen den Kurs. Im Lande kommt es infolge der Verstaatlichungen und Enteignungen zu Unruhen. Dann ebnet die Niederlage im Sechstagekrieg 1967 wieder den Weg für den gemäßigten Flügel der Ba'th. 1970 kommt Hāfiz al-Asad an die Macht. Seine »Korrekturbewegung« beinhaltet eine weniger radikale Wirtschafts- und Gesellschaftspolitik. Sie soll die innere Polarisierung des Landes, den wirtschaftlichen Niedergang und die außenpolitische Isolation beenden. Wichtiges Ziel ist das strategische Gleichgewicht mit Israel. Nach Hāfiz al-Asads Tod im Juni 2000 übernimmt dessen Sohn Bashār das Präsidentenamt. Bereits sechs Monate später verliert die Modernisierungs- und Antikorruptionspolitik des vierunddreißigjährigen Hoffnungsträgers deutlich an Schwung.

Was ist nun »rot« an Syrien? Letztlich nur der Faden, der sich durch die Politik der letzten beiden Jahrzehnte zieht: Gut ist, was Syrien nützt. Pragmatismus statt Sozialismus, so könnte die Devise lauten. Überhaupt fallen Fana-

Im 185 000 Quadratkilometer großen Syrien leben über 17 Millionen Menschen

tismus, Intoleranz und Extremismus bei den Syrern kaum auf fruchtbaren Boden. Das 185 000 km² große Syrien mit seinen 17,3 Millionen Einwohnern ist ein Land religiöser und ethnischer Vielfalt. Und diese Vielfalt nährte von jeher die Toleranz. Armenier, Aramäer, Kurden und Nachkommen von Tscherkessen und Turkmenen sind in der Arabischen Republik Syrien beheimatet. Die Aramäer siedelten schon im zweiten Jahrtausend vor Christus in Syrien. In Ma'lūlā und zwei benachbarten Dörfern leben heute noch Aramäer, die einen archaischen Dialekt des Westaramäischen sprechen, das sich von Syrien aus über den Vorderen Orient ausgebreitet hatte. Einer dieser westaramäischen Dialekte wurde auch zur Zeit Jesu Christi gesprochen. Heute gibt es in Syrien so viele christliche Konfessionen wie Apostel. Bei den Muslimen, etwa 85 Prozent der Bevölkerung, gibt es eine größere Zahl von Glaubensrichtungen. Eine kleine Minderheit bilden Sekten wie Nestorianer, Yeziden und Drusen.

Syrien ist zuallererst ein arabisches Land. Aber keines, in dem Petrodollars chromglänzende Wolkenkratzer, moderne Einkaufszentren und Prachtboulevards aus dem Boden schießen ließen. Syrien ist ein islamisches Land. Aber keines, in dem religiöser Fanatismus, das Gesicht einer missbrauchten Religion, herrscht. In den Städten sieht man verschleierte Frauen, aber auch geschminkte Frauen in kurzen Röcken. Der Staat duldet keine islamistischen Aktivitäten. Außerdem werden, was oft übersehen wird, nicht nur hohe Beträge in die Rüstung gesteckt, sondern ebenfalls große Summen in Entwicklungsprojekte. Und jeder entwicklungspolitische Fortschritt schmälert den Nährboden für religiöse Eiferer.

Zu Syriens Facettenreichtum trägt aber auch die Vielfalt der Landschaften bei. Im Süden liegen das Drusengebirge und die schwarzen Basaltfelder der Hau-

Geschichtstabelle

2900–1600 v. Chr.
Gründung, Blüte und Niedergang der Königreiche Mārī und Ebla

1500–1200 v. Chr.
Ugarit erreicht den Höhepunkt seiner Entwicklung. Das erste Alphabet der Menschheit wird in ein Tontäfelchen geritzt

1200–853 v. Chr.
Vordringen und Herrschaft der Aramäer und Phönizier

Mitte 6. bis Mitte 4. Jh. v. Chr.
Herrschaft der Perser

333–64 v. Chr.
Die Seleukiden in Syrien

64 v. Chr.
Pompeius erobert Syrien

105–395 n. Chr.
Syrien ist römische Provinz

395–636
Byzanz regiert Syrien und verteidigt es wiederholt gegen die persischen Sassaniden

1098
Kreuzritter erobern Antiochia

1260
Die Horden des Mongolen Hülägü verwüsten das Land

1260–1516
Die Mamlūken regieren in Syrien und Ägypten

1400
Zweite Invasion der Mongolen unter Timurlenk

1516–1918
Die Osmanen herrschen vier Jahrhunderte über Syrien

1920
Emir Faisal zum König von Syrien erklärt

1920–1946
Frankreich herrscht als Mandatsmacht über Syrien

17. April 1946
Tag der Unabhängigkeit

8. März 1963
Offiziere der Ba'th-Partei putschen sich an die Macht

1967
Syrien verliert im Sechstagekrieg die Golanhöhen an Israel

16. November 1970
Hāfiz al-Asad übernimmt die Macht. Korrekturpolitik

6. Oktober 1973
Syrien misslingt an der Seite Ägyptens im Yom-Kippur-Krieg der Versuch, den Golan zurückzugewinnen

1981
Israel annektiert den Golan

Januar 1991
Syrische Truppen beteiligen sich an der Befreiung Kuwaits

10. Juni 2000
Hāfiz al-Asad stirbt, nachdem er 30 Jahre lang die Macht innegehabt hat. Das Land trauert tief. Vier Wochen später wird Sohn Bashār al-Asad mit 97,29 Prozent der Stimmen zum neuen Prädidenten gewählt. Zuvor ist das Mindestalter für dieses Amt von 40 auf 34 Jahre reduziert worden

rān-Ebene. Bekannt ist die Region nicht nur wegen des riesigen Amphitheaters von Bosrā, sondern auch wegen der Weinfelder. Sie liefern die Grundlage für 'Araq, einen mit Anis aromatisierten Digestif. Er gehört, sofern religiöse Überzeugungen nicht dagegen sprechen, bei jedem größeren Essen auf den Tisch.

Schnee bedeckt bis weit ins Frühjahr den fast 3000 m hohen Antilibanon. Dessen nördliche Fortsetzung bildet das grüne Küstengebirge (Jibāl Sāhiliye), das steil aufragend die Küstenebene vom Landesinneren trennt. Am 400 km langen Orontes, der im Libanongebirge entspringt, liegen die Städte Homs und Hamā. Jahrhunderte haben die berühmten »jaulenden« Wasserräder, die *Norias,* in Hamā schon auf dem algenbewachsenen Buckel.

Im Osten Syriens bahnt sich der größte Fluss, der Euphrat, seinen Weg nach Süden. Er trennt die Bādiye von der Jazīre, der »Insel« zwischen Euphrat und Tigris. Die Bādiye ist, mit Ausnahme des Südostens, keine »Bilderbuchwüste« mit Dünen und Sand, sondern eine Wüstensteppe. Seit Urzeiten ist sie das Terrain der Beduinen. Per Kamel befördern die *Badū,* wie sie im Arabischen heißen, ihren Hausrat und ihre Zelte allerdings nicht mehr. Heute kommen dabei Lkws und Traktoren zum Einsatz. Den Lebensunterhalt garantiert die Zucht von Schafen und Ziegen, und das nicht einmal schlecht. Wenn Beduinen nach dem Verkauf von Tieren den Erlös zur Einzahlung auf den Bankschalter blättern, blickt der Reisende ungläubig auf die dicken Bündel. Da schwindet das Mitleid wieder, das aufkeimte, als man erfuhr, dass ein Beduine für seine Auserwählte immer noch ein Brautgeld zahlen muss, für das man in Europa – der Vergleich sei gestattet – einen Mittelklassewagen bekommt.

In der Bādiye sind noch die letzten Exemplare der traditionellen Bienenkorbhäuser zu sehen. Die aus Lehm errichteten Kuppelhäuser weichen allerdings zunehmend kastenförmigen, unverputzten Betonbauten, deren einziger »Zierrat« aus Antennen und in die Luft ragenden Armierungseisen besteht. Ein architektonisches Juwel dagegen birgt die Oase Tadmur. Gemeint ist die Ruinenstätte Palmyra. Mit ihrem monumentalen Baal-Tempel, der Kolonnadenstraße und Grabtürmen zählt sie zu den Höhepunkten einer Syrienreise.

Das berühmteste neuzeitliche Bauwerk ist der Asad-Staudamm im Nordosten. Er sollte die Versorgung mit Wasser und Elektrizität sichern. Die reparaturanfälligen sowjetischen Turbinen jedoch produzierten mehr Ärger als Strom. Seit dem Austausch der alten Turbinen durch moderne, westliche Modelle läuft die Stromversorgung problemlos. Bis dahin gehörten regelmäßige Stromsperren ebenso zum Alltag wie die mannshohen Notgeneratoren, die stundenlang auf den Gehwegen der Städte röhrten. Kleinere Modelle knatterten in den Gassen des Sūq. Überhaupt, der Sūq: Wer »den Orient« liebt, der findet ihn dort, etwa in Damaskus und Aleppo. Lautstarkes Handeln, Gelärm und Gehupe, das Rufen der Lastenträger, bunte Farben und unbekannte Gerüche erfüllen die Gänge und Gassen.

Damaskus ist die schönste Hauptstadt der arabischen Welt. Die Große Moschee, ein Juwel islamischer Baukunst, erwartet Sie, ebenso die zauberhafte Altstadt mit ihren Kaffeehäusern. Dass Ägyptens Hauptstadt Kairo, obwohl »erst« im Jahr 969 gegründet, sich als »Mutter der Welt« bezeichnet, sieht man im annähernd 6000 Jahre alten Damaskus gelassen. Sich deswegen gleich als »Ururgroßmutter der Welt« zu verstehen fiele hier niemandem ein. Dann schon eher als »das Paradies auf Erden«, wie die alten Araber die Oasenstadt am Fluss Baradā nannten. Am besten erkunden Sie selbst, was es mit dieser Feststellung heute noch auf sich hat.

Aleppo, im Nordwesten Syriens, ist die ewige Konkurrentin von Damaskus. Das Wahrzeichen der Stadt ist ihre gewaltige Zitadelle. Herz und Prachtstück der Stadt aber ist der große, weitläufige Sūq. Südlich von Aleppo, im Jabal al-Arba'īn, liegen die »Toten Städte«. Fast scheint es, man sei im 5. Jh. gelandet. Ein Wohnhaus steht neben dem anderen, seit Jahrhunderten unbewohnt, aber nicht selten – mit Ausnahme des Dachstuhls – komplett erhalten. Schöne Basiliken, Villen, Nekropolen mit kunstvollen Sarkophagen sind hier zu bewundern.

Syrien ist kein Land des Massentourismus. Das zeigt das Hotelangebot. Sehr einfache, billige Unterkünfte sind zahlreich. In größeren Städten gibt es teure Luxushotels. Mangel herrscht, vor allem außerhalb von Damaskus, Aleppo und Palmyra, noch an Mittelklassehotels mit ordentlichem Standard zu vernünftigen Preisen. Nicht alles ist auf die Ansprüche der Touristen zugeschnitten – oft ein Vorteil, vieles ist noch völlig unverfälscht. So bleiben etwa die Sūqs des Landes ein Ort für unvergessliche Impressionen und Einblicke, während sie in anderen Ländern bereits zu einem nervtötenden Konglomerat

Die mächtige Zitadelle ist das Wahrzeichen von Aleppo

von Kitsch, Schleppern und gestressten weißen Waden in kurzen Hosen verkommen sind. Keine Probleme gibt es bei der Mobilität. Das Straßennetz ist gut ausgebaut. Busse, Minibusse und Taxis bringen den Reisenden für wenig Geld an jedes Ziel, Inlandsflüge sind ausgesprochen günstig.

Achten Sie neben all den Sehenswürdigkeiten auch auf Alltägliches. Von einem Kaffeehaus aus beobachtet, entfaltet sich das Leben in den Straßen wie ein nicht endender Film mit zahllosen Hauptdarstellern. Männer begrüßen sich überschwänglich – Küsschen rechts, Küsschen links, Küsschen rechts. Polizisten bemühen sich, zu verhindern, dass aus der geregelten Unordnung auf den Straßen ein Verkehrschaos wird. Fußgänger stürzen sich in die Blechlawine und erreichen, wilde Haken schlagend, wider Erwarten die andere Straßenseite. Tief verschleierte Frauen tauchen mit mehr Gottvertrauen als freier Sicht zwischen Taxis und Busse. Fliegende Händler breiten arabische Aufklärungsbücher, Rasierpinsel oder Nylonsocken auf dem Boden aus. Sie schreien gegen nagelnde Buick-Motoren aus den Fünfzigern und das Kreischen dreirädriger Vehikel an, die sich wie rollende Hybride aus Fiat Bambino, Vespa und Pick-up ausnehmen.

Steigen Sie in einen der Busse der Kategorie »Scania Extra Long«. Bunt bemalt, windschief und mit verzogener Spur fegen sie über die Landstraßen – fast scheint die Hinterachse zum Überholen anzusetzen. Nehmen Sie vorne beim Fahrer, neben der kochend heißen Motorblockabdeckung, den Ehrenplatz ein. Abziehbilder arabischer Sängerinnen sowie des Präsidenten zieren gemeinsam mit Popstars und verstaubten Plastikrosengirlanden das »Cockpit«, von dem aus der Bus obendrein zentral beschallt wird: eine unvergessliche Er»fahrung«. Weitere Impressionen: Bummeln Sie die Kolonnaden in Palmyra entlang, oder genießen Sie auf der Terrasse des Hotels Zenobia bei einem Glas Wein den Sonnenuntergang. Setzen Sie sich in ein Kaffeehaus in der Nähe eines der Wasserräder am Orontes. Erkunden Sie die Geheimnisse der Sūqs. Spazieren Sie durch die Stille der »Toten Städte«, erholen Sie sich am Strand von Ras al-Basīt oder in den Bergen um die mediterran wirkende Kleinstadt Sāfītā.

Von zu Hause mitgebrachte Vorurteile und Klischees, gleich ob politischer, ethnischer oder religiöser Natur, sollten Sie besser hinter sich lassen. Vertrauen Sie lieber auf die Erlebnisse, Eindrücke und Erfahrungen, die Sie selbst machen. Die Menschen hier zu Lande sind freundlich, offen, hilfsbereit und stolz auf ihre Kultur, ihre Geschichte und auf das friedliche Zusammenleben der Völkerschaften und Glaubensrichtungen. Dieser Stolz ist gepaart mit Kritikfähigkeit und einem Sinn für Ironie. Viele Syrer reagieren mit Unverständnis auf das Negativimage, das ihrem Land und damit auch ihnen selbst in westlichen Ländern leider immer noch anhaftet.

Ein Damaszener Sprichwort lautet *al-gharīb lāzim yakūn adīb*. Sinngemäß bedeutet das: »Wenn einer eine Reise tut, ist Bildung wichtig und auch gut.«

Hopp Hopp und Hammām

Wissenswertes über Busse, Bäder und Bekenntnisse

Alawiten
Extremschiitische Gruppe, die sich von der ismailitischen Schia abspaltete. Ritus und Glaubenslehre enthalten auch christliche Elemente. Ali, der Schwiegersohn des Propheten, wird als Verkörperung des Göttlichen verehrt. Orthodoxe Muslime bezichtigen die Alawiten deshalb mitunter der Götzendienerei. Ungefähr fünf Prozent der Bevölkerung Syriens sind Alawiten. Sie als Anhänger eines gottlosen Kultes der Mächtigen zu verleumden, bemüht sich die islamistische Opposition nach Kräften. In der politischen Führung des Landes sind zwar zahlreiche Alawiten zu finden – aber die Glaubensgemeinschaft beherrscht nicht das Land, wie das Schlagwort von der »Alawitenherrschaft« glauben machen soll, das auch westliche Medien bisweilen unkritisch übernehmen.

Christen
Fast ein Dutzend christlicher Konfessionen ist in Syrien vertreten. Zum Christentum bekennt sich etwa ein Zehntel der Bevölkerung Syriens. Das Zusammenleben von Muslimen und Christen verläuft friedlich und relativ harmonisch. Ein Klima der Toleranz ermöglicht Kirchenneubauten, den Betrieb von Klöstern und die Veranstaltung religiöser Feste und Prozessionen.

Farbenfrohe Zierde aller Nebenstrecken Syriens: Hopp Hopp

Drusen
Die im 19. Jh. aus dem heutigen Libanon zugewanderten Drusen leben vor allem im Süden des Landes, im Haurān und im Jabal al-'Arab. Die Glaubensrichtung hat sich von den Ismailiten abgespalten und propagiert die Göttlichkeit des für seine Christenverfolgungen bekannten und im Jahr 1021 in den Bergen über Kairo auf rätselhafte Weise verschwundenen Kalifen al-Hākim.

Die Gemeinschaft der Drusen kennt zwei Gruppen von Gläubigen: Eine elitäre Minderheit bilden die »Wissenden«. Sie allein haben Zugang zu den geheimen Schriften und damit genaue Kenntnis der Lehre. Ihnen gegenüber steht die große Zahl der einfachen Gläubigen, der »Unwissenden«.

Hammām

Der Hammām ist Nachrichtenbörse und Gerüchteküche, Treffpunkt und Ort der Entspannung – also weit mehr als nur ein Bad(ehaus). Einen Hammām wie den des *Nūr ad-Dīn* in Damaskus oder des *Yalbougha* in Aleppo sollte man unbedingt am eigenen Leibe kennen lernen. In denjenigen Bädern, die auch von Frauen besucht werden können, gelten gesonderte Badezeiten.

Der Gast betritt zunächst einen hohen, reich bemalten Kuppelraum *(barrānī)*. Seine Mitte ziert ein plätschernder Marmorbrunnen. Boden und Wände sind mit Marmor, Fayencen und Fliesen verkleidet, in der Mitte erhöhte Sitzpodeste. Sie dienen zur Kleiderablage und zur Erholung nach dem Badegang. Der Pächter des Hammām, der *Mu'allim* (»Chef«), nimmt den Gast in Empfang. Die Wertsachen kommen in Verwahrung. Der *Nātūr* geleitet ihn dann zu seinem Platz und legt ihm ein Hüfttuch um. So kann sich der Gast vollständig entkleiden, ohne im Adamskostüm den Kuppelraum zu schmücken. Alsdann bekommt man Seife, Shampoo und die *līfa*, einen Faserschwamm.

Im eigentlichen Badebereich *(jawānī)* geht es zunächst ins Dampfbad. In dem kleinen Raum wird die Haut in sehr heißem Wasserdampf »weich gekocht«. Anschließend begibt man sich in die Hände des *Raīs*, des Meisters. Er seift den Gast zunächst kräftig ein *(talyīf)* und verpasst ihm dann mit einem rauen Handschuh eine »Abreibung« *(takyīs)* im wahrsten Sinne des Wortes. Nun wäscht sich der Gast, ausgestattet mit Schöpfschale und Seife, in einem der Nebenräume vor einem Marmorbecken.

Nach dem Bad hüllt der *Nātūr* den Gast wieder in frische Handtücher. Im Ruheraum werden diese nochmals gewechselt. Wie eine Mumie von Kopf bis Fuß in große Tücher gehüllt, lässt man sich auf die Sitzkissen fallen, schlürft einen Kaffee oder Blütentee *(zuhūrāt)* und widmet sich dem Nichtstun. Die Kosten eines Badeganges liegen bei umgerech-

Nichts ist entspannender: Ruheraum im Hammām Nūr ad-Dīn

net ca. 3 Euro. Trinkgeld kommt in ein Kästchen neben der Kasse!

Hopp Hopp

Nomen est omen. Mit bunter Bemalung und viel Chrom verzierte Minibusse, die die Nebenstrecken im »Stopp-und-hopp«-Verfahren bedienen. Erst wenn der Bus »voll«, das meint randvoll ist, geht es los. Jeder, der winkenderweise am Wegrand steht, wird mitgenommen. Zugestiegen wird, bis auch der letzte Quadratzentimeter im Mittelgang gefüllt ist. Auf dem Dach finden säckeweise Waren und zur Not weitere Passagiere Platz. So wird erfüllt, was die großen Lettern auf der Karosserie verkünden: Eine »Heppy Jerney« im »Poulman«. Die häufigen Stopps in den Dörfern werden durch das halsbrecherische Tempo auf freier Strecke wieder wettgemacht.

Islam

»Islam« bedeutet in wörtlicher Übersetzung »Hingabe an Gott«. Die Gläubigen betrachten ihre Religion als abschließende Offenbarung, die das Werk der vorausgegangenen Propheten vervollständigt. Grundlage des Islam ist die von Gott den Menschen offenbarte heilige Schrift, der Koran. Der Islam erkennt Judentum und Christentum an. Jesus wird als Prophet, nicht jedoch als Gottes Sohn verehrt. Im Koran heißt es: »Gott hat nicht gezeugt und wurde nicht gezeugt.«

Der Islam stützt sich auf fünf Hauptpflichten *(arkān al-islām):* Das ist zunächst das Ablegen des Glaubensbekenntnisses *(shahāda)* »Es gibt keine Gottheit außer Gott, und Mohammed ist sein Prophet« – eine Betonung des strengen Monotheismus. Weiter werden das fünfmalige rituelle Gebet *(salāt),* das Geben von Almosen *(zakāt),* das Einhalten des Fastens *(saum)* im Monat Ramadān und die einmalige Wallfahrt nach Mekka *(hajj)* gefordert.

Der orthodoxe sunnitische Islam hat vier Rechtsschulen. Sie unterscheiden sich vor allem in der Auslegung des Koran und den daraus abgeleiteten zivil- und strafrechtlichen Bestimmungen sowie in Details des religiösen Ritus. Die Gesamtheit der vom rechtgläubigen Muslim zu befolgenden Regeln wird als *sharī'a* bezeichnet.

Ein Streit über den legitimen Nachfolger des Propheten Mohammed als Führer der Gemeinschaft der Gläubigen führte im 7. Jh. zur Abspaltung der Schiiten. Allein Mohammeds Schwiegersohn Ali gilt diesen als *khalīfa,* als legitimer Nachfolger des Propheten. Alle anderen Kalifen vor und nach Ali betrachten sie als Usurpatoren. Auch die Schiiten teilen sich wiederum in mehrere Glaubensgemeinschaften, darunter Ismailiten, Zaiditen und Imamiten sowie verschiedene extremschiitische Splittergruppen. Sie erwarten jeweils einen anderen Imām als den wiederkehrenden Erlöser *(Mahdī),* der das göttliche Reich auf Erden errichten wird.

Ismailiten

Nur eine verschwindend kleine Minderheit der Syrer bekennt sich zu dieser schiitischen Gemeinschaft. In der Festung von Masyāf hatte »der Alte vom Berg«, das Oberhaupt der syrischen Assassinen, seinen Sitz. Die Nachfolger der Assassinen, die vom 11. bis zum 13. Jh. die islamischen Herrscher durch Terroraktionen in Bedrängnis brachten, betrachten den Aga Khān als ihr Oberhaupt.

Kleidung

Syrer legen viel Wert auf ein gepflegtes Äußeres. Wer es sich leisten kann, trägt saubere und ordentliche Kleidung. Der Syrienreisende sollte also auch auf seine Garderobe achten. Er wird sich vor allem in besseren Restaurants wohler fühlen, wenn er in seinem Gepäck auch einen Satz gepflegter Kleidung greifbar hält. Das Tragen von Shorts provoziert weniger Empörung als vielmehr Aufsehen und Belustigung. In den Städten wird der auf »sittsame Kleidung« bedachte Tourist trotzdem syrische Jugendliche beobachten, die in Shorts bzw. deutlich weniger als knielangen Röcken unterwegs sind. Als Reisender, vor allem auf dem Lande, sollte man sich aber nicht an jenen modebewussten syrischen Trendsettern orientieren.

Kreuzzüge

Zahlreich sind die Zeugen jener Zeit, in der sich die »Franken«, dem Aufruf von Papst Urban folgend, Ende des 11. Jhs. auf den Weg ins Heilige Land machten. Das Kalifat war durch interne Konflikte sowie durch das Gegenkalifat der Fatimiden, der ismailitischen Herrscher in Ägypten, geschwächt. Die turkmenischen Seldschuken, die syrisches Territorium kontrollierten, waren untereinander zerstrittene Kriegsherren. So stießen die fränkischen Krieger kaum auf ernsthaften Widerstand und konnten ihre Kreuzfahrerstaaten gründen. Erst Sultan Salāh ad-Dīn schob den Kreuzrittern im Juli 1187 durch seinen Sieg in der Schlacht bei Hittīn einen ersten Riegel vor. Unter den Mamlūken wendete sich das Blatt dann endgültig.

Mamlūken

Militärsklaven, die unter Salāh ad-Dīns Nachfolgern, den Ayyubiden, in steigendem Umfang in den Steppen Zentralasiens eingekauft wurden. Sie sollten die Grundlage für ein großes stehendes Heer bilden. Die Ayyubiden waren der unzuverlässigen und wankelmütigen turkmenischen und kurdischen Stammeskrieger überdrüssig und erhofften sich eine disziplinierte und loyale Streitmacht. Diszipliniert waren die Mamlūken, doch nicht loyal. Nicht ganz ein Jahrhundert später, 1250, übernahmen die einstigen Sklaven in Ägypten und Syrien selbst die Macht. Die von ihnen gebildete Militäraristokratie konnte sich bis zur Niederlage gegen die Osmanen zu Beginn des 16. Jhs. an der Macht halten.

Die architektonische Hinterlassenschaft der Mamlūken ist in Syrien allgegenwärtig und unschwer zu erkennen. Die erst während ihrer Ausbildung zum Islam übergetretenen Militärs versuchten, sich in einer regelrechten Bauwut Denkmäler zu setzen und die eigene Rechtgläubigkeit unter Beweis zu stellen. Unter den Mamlūken erfreuten sich die schwarzweiß gegliederten *Ablaq*-Fassaden sowie aufwändig gestaltete, stalaktitenartige *Muqarnas*-Kuppeln und -Portale größter Beliebtheit.

Moschee

Das Arabische unterscheidet zwischen *jāmi'* (große Freitagsmoschee) und *masjid* (einfache Stadtviertelmoschee). Die Moscheen Syriens stehen den Touristen uneingeschränkt offen. Beim Besuch von Moscheen sollte rücksichtsvolles Verhalten oberstes Gebot sein. Dazu zählen angemessene Kleidung und das Ausziehen der Schuhe vor dem Betreten des Gebetssaals. Und nie sollte der Besucher vor einem Betenden vorbeigehen! Das Gebet wird dadurch hinfällig und muss wiederholt werden.

Vom Minarett, das in seinen Ursprüngen auf die von den Bauherren kurzerhand in die Omayyadenmoschee integrierten Wachtürme des überbauten römischen Tempels zurückgeht, erschallt der Gebetsruf. Kleinere Moscheen müssen warten, bis von der Freitagsmoschee der Ruf erschallt. Ein architektonisches »Muss« beim Bau größerer Moscheen sind Minarette erst seit dem 12. Jh.

In den Waschanlagen *(mathara)* wird vor dem Gebet die rituelle Waschung vorgenommen. Im Gebetssaal weist der *mihrāb,* eine verzierte Wandnische, die Gebetsrichtung gen Mekka, *qibla* genannt. Neben dem *mihrāb* steht der *minbar,* eine meist hölzerne Kanzel, von der die Freitagspredigt gehalten wird.

Omayyaden

Familie, die von 661 bis 750 die Herrscher des Arabischen Reiches stellte. Begründer der Dynastie war ein Herr mit dem aparten Namen Mu'āwiya, was übersetzt so viel bedeutet wie »heulende brünstige Hündin«. Während der omayyadischen Herrschaft war Damaskus die Hauptstadt des Arabischen Reiches.

Politisches System

Seit der Revolution vom März 1963 herrscht die »Arabische Sozialistische Ba'th-Partei«. Sie hat in der 1973 durch ein Referendum gebilligten Verfassung Syrien als sozialistische Volksdemokratie festgeschrieben. Die Legislative bildet das Parlament *(majlis ash-sha'b).* Ein Großteil der Kandidaten für die Parlamentswahlen entstammt der Nationalen Fortschrittlichen Front. Hāfiz al-Asad bildete sie 1972 aus der dominanten Ba'th, der Syrischen Arabischen Sozialistischen Union und der KP.

Der Staatspräsident, zugleich Oberbefehlshaber der Streitkräfte, verfügt über sehr weit reichende Vollmachten. Zentrale Schlüsselpositionen in der Zivil- und Militärbürokratie und in großen Staatsunternehmen sind häufig mit Mitgliedern der Nationalen Fortschrittlichen Front besetzt. Die Ba'th-Partei, die die arabische Einheit auf ihre Fahnen geschrieben hat, ist zentralistisch und autoritär organisiert. Durch den straff geführten Parteiapparat, die von der Ba'th beeinflussten Organisationen sowie einen umfangreichen Polizei- und Sicherheitsapparat lenkte Hāfiz al-Asad von 1970 bis 2000 die Geschicke Syriens. Einen letzten Beweis für sein machtpolitisches Geschick lieferte Hāfiz al-Asad durch den von langer Hand vorbereiteten und – zumindest nach außen hin – reibungslosen Übergang der Macht auf seinen Sohn Bashār. Monate vor Asads Tod wurden unter dem Deckmantel von Antikorrutionsmaßnahmen zahlreiche potenzielle Gegner des Nachfolgers ausgeschaltet und das Militär auf ihn eingeschworen.

Der populäre Erbpräsident Bashār hat in Großbritannien studiert und profiliert sich als Modernisierer mit Schwäche fürs Internet. Im November 2000 erlässt er eine Amnestie für 600 politische Gefangene. Im Dezember verkündet der Minister für Wirtschaft und Außenhandel al-Imadi die Gründung von Privatbanken und Börse. Die unausweichliche Modernisierung und Liberalisierung der Wirtschaft birgt für den neuen Präsidenten Bashār erhebliche Gefahren. Zum einen von Seiten der Profiteure, die durch Schmuggel, Korruption und Klüngel reich geworden sind und ihre Pfründen gefährdet sehen werden. Zum anderen von jenen Bevölkerungsschichten, die von möglichen Subventionsstreichungen (Nahrungsmittel, Mieten) und Rationalisierungsmaßnahmen im staatlichen Sektor betroffen sein werden. Beides sind hohe Risiken für den neuen Staatschef, dessen Macht lange Zeit noch auf dem vom Vater geschaffenen Netzwerk von Abhängigkeiten und Klientelismus beruhen wird.

Schiiten und Sunniten

Etwa 90 Prozent aller Muslime sind Sunniten, Anhänger der *Sunna.* Sie lehnen alle Praktiken ab, die sich nicht auf das »Vorbild« des Propheten Mohammed, das heißt seine Aussprüche, überlieferten Taten oder auch nur stillschweigende Duldung von Handlungen zurückführen lassen. Eine eigene Wissenschaft beschäftigt sich mit der »Tradition des Propheten« und der Prophetengenossen. Das starre Festhalten an dieser alten Tradition führt zur Bezeichnung »orthodoxe« Sunniten. Die Schiiten, aufgespalten in zahlreiche Glaubensgemeinschaften, orientieren sich an den Vorschriften, die die in ihren Augen von Gott beauftragten oder gar göttlich inspirierten Imāme erlassen haben.

Sprache

Folgende Ausspracheregelungen sind zu beachten: *sh* wird wie sch, *j* wie *Dsch*ungel, *kh* wie A*ch*t, *th* wird wie Englisch *th*ing ausgesprochen (Ausnahme ist das Wort für Museum, *mathaf* – hier werden t und h getrennt gesprochen), *z* verweist auf ein stimmhaftes s wie in le*s*en, *gh* signalisiert ein Zäpfchen-r wie im französischen *r*ouge. Der Laut *'*, das berüchtigte arabische Ain, ähnelt einem aus der Tiefe der Kehle gequetschten a, einer Art Gähnlaut. *ā, ī* und *ū* deuten Langvokale an, die für die Bedeutung eines Wortes wichtig sind: *barīd* etwa bedeutet »Postamt«, *bārid* dagegen »kalt«. Wer *matar* sagt, meint Regen, wer nach dem *matār* fragt, will zum Flughafen.

Mit *ahlein wa sahlein* heißen die Syrer einen Gast willkommen. Die Antwort lautet *ahlein bīk.* Der Gehende verabschiedet sich mit *khātrak* (*khātrik* bei einer Frau, *khāterkon* bei mehreren Personen) und bekommt als Antwort ein *ma' as-salāme* zu hören. Mit *shukrān* bedankt man sich.

Wirtschaft

Die syrischen Erdölfelder decken den rapide steigenden Eigenbedarf und ermöglichen sogar Exporte. Die neben dem Erdöl (2,5 Milliarden Euro) wichtigsten Devisenbringer sind Baumwolle und Agrarprodukte wie Oliven, Zitrusfrüchte und Obst. Große Bewässerungsprojekte schufen neue Anbauflächen und steigerten die Agrarproduktion in den letzten Jahren bedeutend. Der Erfolg ist die weitgehende Autarkie im Bereich der Grundnahrungsmittel. Verstärkt ausgebeutet werden sollen künftig die Phosphatlagerstätten. Auch vom Tourismus erhofft man langfristig steigende Deviseneinnahmen. Wichtige Industriezweige sind Nahrungsmittel-, Textil- und Schwerindustrie sowie die Petrochemie. Im Bereich der Konsumgüter gibt es vor allem Montage- und Endfertigungsbetriebe. Handel und Baugewerbe sind die Wachstumsbranchen.

Stetig steigende Importe verursachten eine stark defizitäre Handelsbilanz. Der chronische Devisenmangel eskalierte im Verlauf der Achtzigerjahre bis zum drohenden Devisenbankrott. Einige Gründe: Das Streben Syriens nach strategischem Gleichgewicht mit Israel ließ riesige Geldmengen in die Aufrüstung des Landes fließen. Zudem war die Wirtschaft lange Zeit durch die Interventionen eines aufgeblähten und unkoordinierten bürokratischen Apparats gelähmt. Staatliche Planwirtschaft, frühere sozialistische Experimente, unsichere Investitionsbedingungen und der Devisenmangel blockierten die ökonomische Entwicklung. Nach der Kuwaitkrise gab es positive Impulse durch einen massiven Zustrom von Kapital aus den Golfstaaten und Anfänge einer Liberalisierung der Wirtschaft.

Von diesen Lockerungen profitieren die »Neuen Reichen«, die gute Beziehungen mit wirtschaftlichem Geschick zu verbinden wissen. Sie bilden eine neue Oberschicht, die ihren Reichtum ungeniert und stolz zur Schau stellt. Die Verlierer waren die mittleren Schichten, vor allem Beamte und Staatsangestellte. Mittel- und Unterschicht werden von der grundlegenden Modernisierung der Wirtschaft, die der neue Präsident angekündigt hat, am meisten betroffen sein. Deren Protest muss das Regime vermeiden und wird deshalb auf eine Modernisierung im Schleichgang setzen.

Olivenhaine – Produktionsstätten eines der wichtigen Exportartikel Syriens

Hauptsache Vorspeise

Wer Hommos sagt, muss auch 'Araq sagen

Essen

In der traditionellen syrischen Küche dominiert Gemüse in allen Variationen; gedünstet, gebraten, gefüllt, als Auflauf. In den Restaurants ist solche »Hausmannskost« mit reichlich Gemüse selten. Immer auf der Speisekarte zu finden sind dort: *lahm shaqaf* (gegrilltes Fleisch am Spieß), *kabāb* (Hackfleischspieß), *shīsh tāwūq* (Hühnerfleisch am Spieß) und *farrūj* (gegrilltes Hühnchen). Nicht fehlen darf *kibbe,* eine Art Buletten aus Weizenschrot, Hackfleisch und Zwiebeln. *Kibbe labaniye* wird mit Pinienkernen gefüllt und in warmem Joghurt serviert. *Kibbe naiyye* besteht aus rohem Fleisch. *Kibbe bi saniye* wird mit besonders vielen Pinienkernen in einer flachen Pfanne zubereitet.

Aromatisch sind die in Zitronensaft und Knoblauch zubereiteten *sharhāt* (feine Filets). Nicht überall zu bekommen ist *basmashkāt* (mit Reis und Pinienkernen gefüllte Roulade). Für Abwechslung zwischendurch sorgen die *sfihe* genannten kleinen Hackfleischpizzas.

Groß ist die Auswahl an *muqabilāt* (Vorspeisen). Sie bereichern die weniger vielfältigen Hauptgerichte. Unverzichtbar ist die wichtigste der *muqabilāt, hommos,* ein Gericht aus Kichererbsen und Sesampaste. *Hommos beirūtī* zeichnet sich durch einen würzigeren Geschmack aus. Sie haben die Wahl unter einer Vielzahl von *muqabilāt: tabbūle* (Petersiliensalat mit Weizengrütze und Zwiebeln), *bābā ghanūsh* (im Ofen gebackene und anschließend pürierte Auberginen mit rauchigem Beigeschmack), *mutabbal* (pürierte Auberginen, verfeinert mit Gurken und Joghurt), *bādinjān maqlī* (frittierte und pürierte Auberginen). Es geht auch noch exotischer. Für den ausgefallenen Geschmack stehen *lisānāt* (Zunge), *nakhā'* (Hirn) und *beid ghanam* (Hammelhoden) zur Verfügung. Alle Vorspeisen werden auf kleinen Tellern serviert und mit mehr als reichlich Öl »garniert«. Empfindliche Mägen sollten die Vorspeisen *bidūn zeit* (ohne Öl) bestellen oder mit dem hochprozentigen *'Araq* nachspülen. Köstlich ist *fattūsh,* ein Salat aus Toma-

Zeit für einen starken »Qahwe Murr« ist immer

Köstlich: Syriens Vorspeisen

ten, Gurken, Petersilie, würziger Soße und frittiertem Brot. Als Appetithäppchen eignet sich *tūshkā* (mit Fleisch und Käse gefülltes Fladenbrot). Sehr gut und mild ist der syrische Joghurt, *laban.* Eher quarkähnlich ist der dickere *labne.* Als Beilage gibt es *batāta* (Pommes frites). *Kūsa mahshī* (mit Reis gefüllte Zucchini), *bāmiye* (Okraschoten in Fleischbrühe) und *fāsūliye* (grüne Bohnen) sind die Alternative zum Fleisch. *Maqlūbe* (Reis mit Pinienkernen, Gemüse und gekochtem Fleisch) und *frīke* (gekochter Weizenschrot mit Schaffleisch) sind körnige Gerichte mit Biss. In den einfachen Garküchen serviert man *fūl* (gekochte dicke Bohnen mit viel Öl) und *fitte* (Joghurt, Kichererbsen und Fladenbrot in einer großen Schüssel). *Felafel* (in Öl frittierte Kichererbsenbälle) und *shāwirma* (am Drehspieß gegrilltes Hammelfleisch) gibt es nur in Imbissbuden. Zum Dessert wird Obst *(fawākih)* nach Saison, etwa gekühlte Wassermelone *(battīkh),* oder Süßes wie Crème Caramel geordert. Den Abschluss des Essens bildet ein Tässchen arabischer Kaffee.

Wer Süßes liebt, wird seine Freude haben an *muhallabiye* (Milchpudding mit Rosenwasser, Pistazien und Nüssen), *fisallī* (auf großen Blechen zubereitete süße Nudeln) und *hilāwat al-jibne* (»kalte Pfannkuchen« mit Rosenwasser und Käsefüllung). Eine Köstlichkeit ist *būza*, frisch zubereitete arabische Eiscreme mit Pistazien. In Patisserien findet man Plombenzieher aus Sesam, Pistazien, Kokosflocken, Erd- und Walnüssen, viel Zucker und Fett in 1001 Variationen. Vitaminreich sind die im Frühjahr an Straßenständen verkauften *'ūja* (bittere grüne Mandeln) und *mishmish hindī* (eine saure Aprikosenart). Im Spätsommer werden *sabbāre* (Kaktusfeigen), *rummān* (Granatäpfel) und frische Feigen verkauft.

Getränke

Farbenprächtig und reichlich süß sind die Limonaden *(gazōz).* Fast überall erhältlich sind große Plastikflaschen mit Mineralwasser der Marken *Buqain* und *Drīkīsh.* Mit etwas Glück sind auch Soda und Tonic zu finden. Syrisches Bier ist schwach und oft erfrischender als die Softdrinks. Das in Damaskus gebraute *Baradā* schmeckt etwas süßlicher als das *Sharq* aus Aleppo. Syrischer Wein (*nabīz*) wird kaum Begeisterung auslösen und scheint mitunter das Weinverbot im Koran zu rechtfertigen. Gute Weine kommen aus dem Libanon, von den Gütern Ksara und Kefraya. Beliebt und angesichts der fettreichen Küche nahezu unverzichtbar ist *'Araq*, ein klarer, mit Anis aromatisierter Traubenschnaps. Er wird mit Wasser verdünnt getrunken. Ein wirklich starker

Tropfen ist der 53-prozentige *ar-Rayyān* aus as-Suwaidā. Der mit Kardamom aromatisierte Kaffee, *qahwe 'arabī,* wird *helwu* (süß), *wasat* (mittel) oder *sāde* (ungezuckert) getrunken. *Qahwe murr* wird oft zum Empfang oder Abschied gereicht. Er entsteht, wenn Kaffee stundenlang gekocht wird. Das bittere Gebräu, quasi ein Kaffeedestillat, wird in homöopathischen Dosierungen getrunken und bringt den Kreislauf auf Hochtouren. Teetrinker haben die Wahl zwischen *shay saqīl* (stark) und *shay hafīf* (dünn). Nicht entgehen lassen sollte man sich die köstlichen, frisch gepressten Obstsäfte: *'asīr burtuqāl* (Orangensaft), *'asīr rumān* (Granatapfelsaft), *'asīr fawākih* (Obstsaftcocktail) und *mūz bī halīb* (Bananenmilch). Allerdings sollten sie ohne Eiswürfel *(bidūn būz)* bestellt werden. Sehr gute Fruchtsaftcocktails bekommen Sie in Damaskus *im Jannat al-Fawākih an der Sāhat Yūsuf al-'Azme.*

Restaurants

Es lassen sich zwei Kategorien unterscheiden, die aber nicht unbedingt auf die Qualität der Gerichte verweisen: Ein *mat'am* bezeichnet von der kleinen Garküche bis zum teuren Restaurant mit europäischer Küche alles. Bei einem *maqsaf* oder einer *muntaza* handelt es sich meistens um ein großes, landschaftlich schön gelegenes Ausflugslokal.

In Syrien bestellt nur einer am Tisch die Rechnung (*hesāb*) für alle. Trinkgeld, das zehn Prozent, mindestens jedoch einen halben Euro betragen sollte, bleibt nicht einfach auf dem Tisch liegen. Es steht auch nicht dem Oberkellner zu, der die Rechnung bringt, sondern wird den Kellnern überreicht, die die Speisen serviert haben. Sie beziehen schlechte Löhne und sind auf Trinkgeld angewiesen. Vor 20, 21 Uhr herrscht in vielen besseren Lokalen gähnende Leere.

Rechnungen

Leider kommt es in besseren Lokalen häufig vor, dass überhöhte Rechnungen ausgestellt werden. Mitunter werden ganz unverfroren bis zu 50 Prozent aufgeschlagen. Das muss und sollte man sich nicht bieten lassen. Abhilfe ist möglich: Orientieren Sie sich zu Beginn Ihres Aufenthaltes an der zweisprachigen Speisekarte, die in besseren Lokalen immer ausliegt. Die Preise werden von der Tourismusbehörde festgelegt. Als Richtwerte gelten: Vorspeisen kosten pro Portion 30 bis (in guten Lokalen) 100 Syrische Pfund. Spezialitäten wie Hirn und Zunge kosten 60 bis 200 Pfund. Fleischgerichte liegen pro Portion zwischen 100 und 140 Syrischen Pfund. Für einheimisches Bier werden zwischen 50 und 100 Pfund, für eine große Flasche *'Araq* zwischen 200 und 350 Pfund verlangt. Überschlagen Sie beim Bestellen den Gesamtbetrag und verlangen Sie eine detaillierte Rechnung. Scheuen Sie sich nicht zu reklamieren.

Beliebte Methode ist es, bestimmte Gerichte doppelt zu berechnen oder nicht servierte Gerichte in Rechnung zu stellen. Oft werden auch für die unbestellt servierten *mukhallal* (ein Teller Eingelegtes), für Servietten oder zum Bier servierte Nüsse unverhältnismäßig hohe Preise berechnet.

Meisterhaftes aus Messing und Intarsien

Das Handwerk hat auch in Syrien goldenen Boden

Was auch immer Sie suchen, Sie finden es im *Sūq*, dem Markt. Von Aknecreme bis Zahnpasta, von Dessous bis zum Schleier, vom Schraubenzieher bis zum Schmelzkäse reicht das Angebot. Auch weniger profane Wünsche bleiben nicht unerfüllt. Für eine große Auswahl an Souvenirs sorgt das syrische Handwerk mit seiner jahrtausendealten Tradition.

Gute Qualität hat allerdings auch ihren Preis. Und der will ausgehandelt werden. Nur bei echtem Kaufinteresse sollte man um den Preis feilschen. Händler sehen durch ein unseriös niedriges Gegengebot die Qualität ihrer Ware in Frage gestellt und reagieren unter Umständen ziemlich sauer. Bei seriösen Händlern, die ihre Waren oft auf Arabisch auszeichnen, können Sie selten mehr als 30 Prozent herunterhandeln. Gewährt »Ihr« Händler Preisnachlässe von deutlich mehr als 50 Prozent, werfen Sie besser nochmals einen Blick auf die Preise vergleichbarer Ware bei der Konkurrenz! Wer sich Zeit für Preisvergleiche nimmt, kann beträchtliche Summen sparen. Kleinere Läden, die etwas abseits liegen und ihre Waren nicht gleich in verschiedenen Sprachen anbieten, sind wesentlich günstiger als ein nur auf Touristen ausgerichteter »Souvenir and Oriental Goods Shop«. In Damaskus beispielsweise treiben hohe Mieten im *Sūq al-Hamīdiye* sowie Provisionen für die Schlepper die Preise nach oben. Für ein Backgammonspiel wird hier leicht zwei- bis dreimal so viel verlangt wie im *Sūq Bāb Sharqī.*

Ein Handwerk mit fast fünftausendjähriger Tradition – wie Funde aus Mārī im Nationalmuseum belegen – sind Einlegearbeiten aus farbigem Holz, Perlmutt und Knochen. Holzkisten und -schatullen in allen Größen und Formen, Tabletts, Backgammonspiele und ganze Zimmereinrichtungen werden in der *sadaf*-Technik verziert. Die Feinheit der Arbeit und die verwen-

Im Sūq gibt's orientalisches Flair zum Mitnehmen – und alles andere auch

Wer Kupfer und Messing liebt, kann sich in Syrien auf einiges gefasst machen

deten Materialien bestimmen die Preise. Kleine Schmuckschatullen bekommt man bereits ab 3 Euro, große Backgammonspiele ab 15 Euro.

Wollen Sie Ihrer heimischen Wohnung zu etwas orientalischem Flair verhelfen? Dann sollten Sie einmal einen Blick auf die Schmiedewaren aus Kupfer und Messing werfen. *Siniye* heißen die aus großen Kupfer- oder Messingblechen getriebenen Tabletts. Geometrische Ornamente und Kalligrafien zieren die Oberfläche. Die Technik der Verzierung, die Stärke des Bleches sowie der Durchmesser (von 0,5 bis 1,20 m) bestimmen den Preis. Bei der *taraq*-Technik wird das Muster lediglich eingehämmert. Die Obergrenze für eine solche *siniye* liegt bei etwa 125 Euro für die größten Exemplare. In Deutschland zahlen Sie für solche Stücke leicht das Doppelte bis Dreifache! Der etwas beschwerliche Transport im Flugzeug lohnt sich also unbedingt. Kleine Modelle bekommt man schon ab 35 Euro. Aufwändiger und deutlich teurer ist die *hafr*-Technik, denn hierbei werden die Muster kunstfertig mit einem Stichel ziseliert.

Wahre Kunststücke entstehen, wenn die ziselierten Muster anschließend in mühsamer und Zeit raubender Kleinarbeit mit geklopften Silberfäden ausgelegt werden *(ta'shīq bī fidde)*. Um die 650 Euro kostet eine *siniye* von 100 cm Durchmesser mit feiner Silberornamentik. Dieses erlesene Kunsthandwerk ist seit jeher eine Domäne der syrischen Juden, die in letzter Zeit aber fast alle ausgewandert sind. Solche Kunstwerke werden rar – und damit auch immer teurer. Meister dieses Handwerks finden Sie in der *Sh. al-Mustaqīm* im Sūq von Damaskus.

In Aleppo finden Sie schön gearbeitete Kupfer- und Messingtabletts direkt vom Hersteller im Sūq an-Nahhāsīn. Es lohnt sich auf jeden Fall, die Preise und Qualitäten verschiedener Angebote zu vergleichen. Wie fein sind die Verzierungen gearbeitet? Ist das Blech dick und verwindungsfest? Und lassen Sie sich nicht eine oxidierte *siniye* als »antik« andrehen. Sie zahlen ein Vielfaches des angemessenen Preises und werden in der Regel dennoch nur ein auf alt getrimmtes neues Stück nach Hause tragen! Wollen Sie Ihre *siniye* nicht an die Wand hängen, sondern als Tisch verwenden, benötigen Sie ein passendes Holzgestell *(mutābaqa)*. Ein mit Schnitz- und Einlegearbeiten versehenes Modell kostet zwischen 30 und 75 Euro.

Schön sind auch Kupferarbeiten wie die großen Schnabelkannen, in denen traditionell der *Qahwe Murr* aufgebrüht und serviert wird, oder komplett ausgestattete Tabletts mit Kaffeeschalen und Kanne. Eine reichhaltige und gute Auswahl zu günstigen Preisen finden Sie bei den Schmieden rund um das Bāb al-Jābiye in Damaskus.

Groß ist das Angebot an Schmuck aus Rotgold. Goldschmuck dient in Syrien als »körpernahe Wertanlage«. In erster Linie kommt es auf das Gewicht, also den Materialwert, an. Design oder perfekte Verarbeitung sind zweitrangig. Silberschmuck wird ebenfalls in großer Vielfalt angeboten. Etwas Besonderes sind die *gūrdūn* genannten grobgliedrigen Aleppiner Ketten. Hier liegen die Preise – je kleiner und feiner, desto teurer – zwischen 30 und 50 Cent pro Gramm.

Falls die Reiseerinnerungen durch den Magen gehen sollen, finden Sie im Sūq Pistazien, Kürbiskerne, Wal- und Erdnüsse sowie säckeweise Gewürze und Kräuter. Für Süßmäuler empfiehlt sich der Gang in den Damaszener *Sūq al-Buzūriye* mit seiner riesengroßen Auswahl an kandierten Früchten *(murabbiyāt)*, mit buntem Zuckerguss überzogenen Nüssen *(mulabbas)*, an Türkischem Honig, Pralinés und Karamellbonbons.

Wollen Sie Ihre Zähne schonen und stattdessen die Lungen strapazieren, bietet sich der Kauf einer Wasserpfeife, *argīle*, an. Von kitschig bis klassisch sind alle möglichen Modelle zu haben. Die Preise beginnen bei rund 10 Euro und sind nach oben offen.

Die Marco Polo Bitte

Marco Polo war der erste Weltreisende. Er reiste in friedlicher Absicht, verband Ost und West. Er wollte die Welt entdecken, fremde Kulturen kennen lernen, nicht zerstören. Könnte er heute für uns Reisende nicht Vorbild sein? Aufgeschlossen und friedlich sollte unsere Haltung auf Reisen sein. Dazu gehören auch Respekt vor Mensch und Tier und die Bewahrung der Umwelt.

WWF

Was Muslime und Christen feiern

Festivals, Feiertage und Prozessionen

OFFIZIELLE FEIERTAGE

1. Januar: *Neujahrstag*
8. März: *Revolutionstag*
17. April: *Tag der Unabhängigkeit*
1. Mai: *Tag der Arbeit*
6. Mai: *Märtyrergedenktag*
6. Oktober: *Tag der Märtyrer des Oktoberkriegs*
16. November: *Tag der Machtübernahme von Hāfiz al-Asad*
25. Dezember: *Weihnachten*

RELIGIÖSE FEIERTAGE UND FESTE

Die religiösen Feiertage der Muslime richten sich nach dem islamischen Mondkalender, der vom Neumond abhängt. Sie verschieben sich also von Jahr zu Jahr.

'Id al-Fisih

Die Christen der Ostkirche feiern Ostern sieben Tage später als Katholiken und Protestanten.

'Id al-Fitr

Dreitägiges »Fest des Fastenbrechens« am Ende des islamischen Fastenmonats Ramadān *(17. 12. 2001, 5. 12. 2002).*

Derwische wirbeln sich tanzend bis in den Trancezustand

'Id al-Adhā

Das »große Opferfest«, auch 'Id al-Kabīr genannt, fällt genau in den Monat der Pilgerfahrt *(Hajj)* nach Mekka *(23. 2. 2002, 13. 2. 2003).*

Maulid an-Nabī

Der Geburtstag des Propheten ist Anlass für Besuche bei Freunden und Verwandten und die dazugehörigen Festessen *(4. 6. 2001, 25. 2. 2002, 15. 5. 2003).*

Ramadān

Während des islamischen Fastenmonats, in dem die Moscheen festlich beleuchtet sind, steht man tagsüber auf dem Lande oft vor geschlossenen Restaurants *(17. 11. bis 16. 12. 2001, Beginn 2002: ca. 6. 11.).* Während des Ramadān sind die Moscheen besonders gut besucht. Das gemeinsame Gebet in der Moschee gilt dann als besonders verdienst- und wirkungsvoll.

FESTIVALS UND LOKALE FEIERLICHKEITEN

Verschiebungen oder auch Ausfälle der Festivaltermine sind möglich. Nähere Auskünfte erhalten Sie in den Touristeninformationsbüros.

MARCO POLO TIPPS FÜR FESTE

1 Kreuzfest in Ma'lūlā
Jubel, Trubel, Trunkenheit – hier feiern Christen und Muslime gemeinsam mit Feuerwerk, Tanz, Umzügen und Gesang (Seite 30)

2 Bosrā Festival
Das alte Theater in seinem Element (Seite 31)

3 Sergiusfest in Ma'lūlā
Rosinenschnaps statt Rosenkranz (Seite 31)

Desert Festival

Alle zwei Jahre *Ende April/Anfang Mai* findet in der Oase Tadmur dieses sehr touristische Spektakel vor traumhafter Kulisse statt. Zu sehen sind Pferderennen, Kamelparaden und Volkstänze.

Tadmor Festival

Musik- und Theatervorführungen internationaler Ensembles. *Ende Mai/Anfang Juni*

Mehrejān al-Mahabba wa as-Salām

Shows und Auftritte prominenter Sänger gibt es im *August,* zur Hochsaison an den Stränden, in al-Lādiqiye und Tartūs beim »Love and Peace Festival«.

Damascus International Fair

Jedes Jahr im *September* drängen sich auf dem Messegelände die Stände so unterschiedlicher Aussteller wie Nordkorea, Kuwait, Ungarn, Armenien und Palästina.

'Id as-Salīb (Kreuzfest)

★ Rund 60 km nördlich von Damaskus liegt zu Füßen senkrechter Felswände Syriens bekanntestes Dorf: Ma'lūlā mit seinen kubischen Lehmhäusern über steilen Treppen und engen Gassen. Die Religionsgemeinschaften im Dorf achten den Glauben der jeweils anderen Gruppe und begehen wichtige Feiertage miteinander. Zum *Kreuzfest in der Nacht vom 13. zum 14. September* steht Ma'lūlā Kopf. Schon einige Tage vor dem Fest hat die männliche Dorfjugend an die 100 Reifen und je ein Kreuz die beiden Felshänge hinaufgeschleppt. Die Kreuze werden von Scheinwerfern beleuchtet, sodass der Gebirgsort weithin sichtbar in den buntesten Farben schillert.

»Hilo walo hilo 'esmalo« – Kreuzfest ist, werft die Holzscheibe hinab! Auf dieses Startzeichen hin feuern die katholischen Jungs auf dem »Westfelsen« und die orthodoxen auf dem »Ostfelsen«. Holzscheiben stürzen lichterloh brennend die Felshänge hinab. Autoreifen lodern auf den Felsspitzen, während unten im Dorf sich die feiernden Menschen drängen. Die Alten bleiben zu Hause, sitzen auf den Dachterrassen, rauchen und beobachten die Hochstimmung in den Gassen. Vor sechs, sieben Jahren wurde noch (scharf) geschossen, jetzt dienen selbst gebaute Knallkörper als Ersatz. Es knallt und kracht infernalisch an allen Ecken und Enden. In den überfüllten Straßen singt man, tanzt und ist ausgelassen. Auch die jungen Muslime aus den Nachbarorten lassen sich das Fest nicht entgehen: Hier kann man mit den Mädchen tanzen und sich zwischendurch mit einem Schluck ʻAraq (mit Wasser gemischt) aus kleinen bunten Plastikkaraffen stärken. Die Kunst: den gießkannengleichen Strahl des Trunks ohne Kleckern in den Mund zu bugsieren.

Wer bis zum Morgen des 14. September bleibt, erlebt, wie die singenden jungen Männer in das Dorf hinabziehen. Nach Frühstück und Gottesdienst versammeln sich die Jugendlichen vor ihren Kirchen zu einem Festzug. Jede Gruppe zieht durch »ihr« Viertel. Immer wieder bleibt man stehen, um mit Lobgesang das Haus einer Familie zu segnen. Für den Segen gibt es Geld oder Araq: Das Geld kommt den örtliche Wohlfahrtsvereinen zugute, der Araq den Sängern.

Bosrā Festival

★ Alle zwei Jahre *zwischen Ende September und Anfang Oktober* gibt es im historischen Amphitheater von Bosrā Tanz- und Schauspielaufführungen von Ensembles aus aller Welt. Anlässlich des Festivals finden auch Gastspiele in Damaskus statt.

ʼId Mār Sarqīs (Sergiusfest)

★ ✪ ✝ Mit Prozessionen und Hochprozentigem ehren die Christen von Maʼlūlā in der *Nacht vom 5. zum 6. Oktober* den Heiligen Sergius.

Damascus Film Festival und Damascus Theatre Festival

Abwechselnd alle zwei Jahre. *Anfang November*

Es gibt viele Gründe zum Feiern: Osterprozession in Malūlā

Jannat al-Ard – das Paradies auf Erden

So lautet ein Beiname der 6000 Jahre alten Oasenstadt

Wasser aus dem Antilibanon macht Damaskus zu einer riesigen Oase inmitten der Wüstensteppe. Der Fluss Baradā ist die Lebensader. Sein Wasser, von Schöpfwerken über mühsam in den Fels geschlagene Kanäle und Gräben verteilt, erlaubte eine umfangreiche Bewässerung. Die öde Steppe zwischen Antilibanongebirge und dem Hermonmassiv verwandelte sich so in jene fruchtbare Oase, die den islamischen Eroberern von der Arabischen Halbinsel als »Paradies Gottes auf Erden« erschien.

So genanntes Schatzhaus im Hof der Omayyadenmoschee von Damaskus

Damaskus, auf Arabisch *Dimashq* oder *Shām,* zelebriert das Wasser. In den Hospitälern kurierten die arabischen Mediziner schon im 11. Jh. Geisteskranke durch Wassertherapie. Das Plätschern der Brunnen sollte die Patienten beruhigen und heilen. Im 13. Jh. entspannten sich die Damaszener in über 110 öffentlichen Bädern (*Hammām*). Heute schlängelt sich ein endloses Band von Restaurants und Cafés das Tal des Baradā entlang. Hier drängen sich am Wochenende die Damaszener.

Auch im typischen Damaszener Innenhofhaus, dem *bait shāmī*, spielt das Wasser eine zentrale Rolle. Ein plätschernder

Hotel- und Restaurantpreise

Hotels

€: bis 35 Dollar
€€: 35 bis 100 Dollar
€€€: über 100 Dollar

Die angegebenen Preise gelten für die Übernachtung im Doppelzimmer mit Frühstück für zwei Personen.

Restaurants

€: bis 4 Euro
€€: 4 bis 7 Euro
€€€: über 7 Euro

Die Preise gelten für ein Essen mit zwei Vorspeisen, Hauptgericht, Salat, Bier (wo möglich), Wasser und Kaffee.

Springbrunnen ziert die mit buntem Marmor ausgelegten Höfe. Rosensträucher, Jasmin, Weinranken und Zitrusbäume spenden Schatten und Kühle.

Die Handelsmetropole in günstiger Lage weckte über die Jahrtausende hinweg die Begehrlichkeit von Feldherren und Eroberern. Alle griffen sie nach Damaskus: die Pharaonen ebenso wie der Babylonier Nebukadnezar oder später Alexander der Große; die Perser, die Römer, die islamischen Eroberer, die Kreuzritter und auch die zerstörungswütigen Mongolen. Tradition und Fortschritt, Kontinuität und Wechsel liegen in Damaskus dicht beieinander.

Ende der Siebzigerjahre des 20. Jhs. hatte Damaskus ca. 900 000 Einwohner. Heute leben hier annähernd zwei Millionen Menschen, und eine Million Pendler kommen täglich zur Arbeit aus den umliegenden Dörfern. Wohnraum ist Mangelware in der Stadt, obwohl neue Wohnblöcke sich immer weiter in die Landschaft fressen. Straßen, Fabriken und Neubausiedlungen drängen den lebenswichtigen Grüngürtel um Damaskus immer weiter zurück. Die *Ghūta*, seit Urzeiten Lunge und Wasserreservoir der Stadt, schrumpft von Jahr zu Jahr. Noch aber erstickt die Stadt nicht am Verkehr, hat die Abrissbirne nicht überall für Neubauten Platz geschaffen. Noch haben die Betontrassen die Stadt nicht im Würgegriff, und Slums breiten sich nicht wie Geschwüre aus.

MARCO POLO TIPPS FÜR DAMASKUS

1 Bāb Tūmā
In der christlichen Altstadt wurde Saulus zu Paulus (Seite 35)

2 Hammām Nūr ad-Dīn
Entspannung und Erholung in einem historischen Dampfbad (Seite 36 und 43)

3 Jabal Qāssyūn
Der Hausberg von Damaskus gewährt Aus- und Überblick (Seite 36)

4 Khān As'ad Pasha
Riesige und einmalige Karawanserei aus dem 18. Jh. (Seite 37)

5 Nādī al-'Ummāl
Abends in den gemütlichen »Biergarten« des Arbeiterclubs (Seite 43)

6 Nationalmuseum
Exponate aus fünf Jahrtausenden. Spazieren Sie durch Syriens reiche und wechselhafte Geschichte (Seite 40)

7 Omayyadenmoschee
Beeindruckende Moschee im Herzen der Altstadt (Seite 38)

8 Qasr al-'Azem
Juwel Damaszener Baukunst (Seite 40)

9 Sūq
Marktwirtschaft auf Levantinisch (Seite 39)

10 Wādī Abū Zād und Baidar Abū Zād
Gute Ausflugsrestaurants in Bludān (Seite 44)

Im Sūq wird vor allem Praktisches gehandelt

Damaskus, nach wie vor die schönste Hauptstadt des Nahen Ostens, schmiegt sich auf 700 m Höhe an die Hänge des Jabal Qāssyūn. *Muhājerīn, Shaikh Muhī ad-Dīn* und *Rukn ad-Dīn* heißen die Wohnviertel, deren Häuser die Berghänge hinaufdrängen. Zwischen dem Jabal Qāssyūn und der Altstadt liegen die mondänen Wohnviertel *Abū Rumāne, ar-Rauda* und *al-Mālkī*. Neonbunte Läden, moderne Cafés und – ebenfalls Zeichen des Fortschritts – Fastfood-Restaurants prägen das Straßenbild. Chromglänzende Karossen werden abgestaubt, gewaschen und poliert, um in strahlendem Glanz die Gehwege zu blockieren. Jugendliche kurven zu dröhnender Diskomusik in offenen Jeeps um den Block. Importierte Designerklamotten, Edeljeans, luxuriöser Schmuck und teure Uhren finden dort reißenden Absatz.

Die Hauptverkehrsachsen der Stadt folgen dem Baradā von West nach Ost. Omayyaden- und Abbasidenplatz sind die zentralen Verkehrsknotenpunkte. Eine »Straße der Revolution« genannte Asphaltschneise durchzieht die Stadt von Nord nach Süd. Im Südosten, am Rande der Ghūta, liegt *Dimashq al-Qadīme*, die Altstadt. Die Orientierung fällt in Damaskus dank prägnanter Plätze und Gebäude nicht schwer, die Entfernungen sind zu Fuß zu bewältigen. **(120–121/C–D2)**

BESICHTIGUNGEN

☛ **Stadtplan in der hinteren Umschlagklappe**

Bāb Tūmā **(U/E1)**

★ Malerisches Viertel im Osten der Altstadt. Hier leben vor allem Christen, es gibt zahlreiche Kirchen und Klöster der unterschiedlichen christlichen Konfessionen. Hinter den hohen, weiß gekalkten Mauern verstecken sich schöne Innenhofhäuser: Marmorbrunnen plätschern, mit Schnitzwerk geschmückte Iwāne bieten schattige Sitzgelegenheiten, Rosen und Jasmin erfüllen die Höfe mit ihrem Duft. *Von der Omayyadenmoschee aus am Café an-Naufara vorbei und dann immer den Sūq al-Qaimariye entlang*

Bait Nizām **(U/F3)**
Schöne Innenhöfe, der verschwenderisch ausgeschmückte Saal *Qā'at al-'Inab* und fein gestaltete Fassaden vermitteln einen Eindruck von der Bau- und Lebenskunst des Damaszener Bürgertums im 18. Jh. *Hayy Minārat ash-Shahm, Sh. Nāsīf Pasha*

Bait Sawān **(U/F3)**
Schönes Bürgerhaus aus dem 18. Jh. mit kunstvollem Iwān. *Hayy Minārat ash-Shahm, Sh. as-Samāke, neben dem Bait Nizām*

Bīmāristān al-Qaimarī **(O)**
Hospital aus dem 13. Jh. Im Garten steht noch das 600 Jahre alte Schöpfwerk. Bis in die Siebzigerjahre versorgte es das Hospital und die benachbarte Moschee über ein Aquädukt mit Frischwasser aus dem Yazīd, einem Seitenkanal des Baradā. *Sālihiye, Sūq al-Juma', Sh. Shaikh Muhī ad-Dīn*

Darīh Salāh ad-Dīn **(O)**
Bescheiden ist das Grab des für die islamische Geschichte so wichtigen Heerführers »Saladin«. Er eroberte Jerusalem von den Kreuzrittern zurück und bekämpfte die Schiiten. *Bāb al-Barīd, Sh. al-Killāse*

Hammām Nūr ad-Dīn **(U/E3)**
★ Prachtvoller Hammām des 12. Jhs. Die außergewöhnlich hohe und reich verzierte Kuppel wurde von den Osmanen errichtet. *Sūq al-Buzūriye*

Jabal Qāssyūn **(O)**
★ Vom Damaszener Hausberg genießt man eine beeindruckende Aussicht über die ganze Stadt. In kleinen Cafés gibt es Getränke und Wasserpfeifen.

Jāmi' al-Fathiye **(U/E2)**
Malerische Moschee aus dem 18. Jh. mit üppig bewachsenem Innenhof und schöner Ablaq-Fassade. *Sūq al-Qaimariye*

Jāmi' as-Saidat Ruqaiya **(U/D2)**
Der pompöse Neubau über dem Grab einer Tochter von Alis Sohn al-Husain ist ein wichtiges Ziel schiitischer Pilger aus dem Iran. Interessant ist die Wand- und Deckenverkleidung aus Kristallglas. *Hayy al-Amāra, Sh. as-Saba' at-Tawālī'*

Jāmi' as-Sibāiye **(U/E4)**
Im Jahr 1514 vollendete mamlūkische Moschee im *Sūq ad-Darwīshiye*

Jāmi' as-Sināniye **(U/E3)**
Hervorstechendes Merkmal der Moschee aus dem 16. Jh. sind die grün glasierten Ziegel des Minaretts. Im Inneren befinden sich schöne osmanische Fayencen. *Bāb al-Jābiye*

Jāmi' at-Tekkiye **(U/C4)**
Vom osmanischen Meisterarchitekten Sinan zwischen 1554 und 1560 errichteter, aus Moschee und Herberge für Mekkapilger bestehender Komplex. Sinan verknüpfte lokale Stilelemente wie Muqarnas und Ablaq-Fassaden mit der typisch osmanischen Zentralkuppelmoschee. Auftraggeber war Suleiman der Prächtige. Die *Madrase Selīmiye* wurde später hinzugebaut und beher-

bergt heute den Handwerkermarkt. *Sh. al-Bārūdī*

Jāmi' Shaikh Muhī ad-Dīn Ibn 'Arabī (O)
Votivgaben dankbarer Pilger zieren die Grabkammer des großen islamischen Mystikers aus dem 12. Jh. Die Moschee wurde 1518 von Sultan Selim I., dem osmanischen Eroberer Syriens, errichtet. *Sālihiye, Sūq al-Juma'*

Kanīse al-Qadis Būlos (U/F2)
Hier entwischte der Legende nach Paulus seinen wütenden Verfolgern über die Mauer. Das in die Kapelle integrierte Tor der Stadtmauer stammt aus dem 14. Jh. *Bāb Kaissān*

Kanīse al-Qadis Hanāniyā (U/F1)
Unterirdische Kapelle des Ananias. Soll auf das 1. Jh. zurückgehen. *Bāb Tūmā, Sh. al-'Āzāriye*

Khān al-Gumruk (U/E3)
Sechs Kuppeln überwölben die »Zoll-Karawanserei« aus dem Jahr 1609. Bis 1860 diente der Khān als Zollamt. Heute werden hier Seide und Brokat gehandelt. *Sūq al-Harīr*

Khān As'ad Pasha (U/E3)
★ Die schönste Karawanserei im Nahen Osten. Auf vier Pfeilern ruhen acht mächtige, teilweise bemalte Kuppeln, die den Innenhof überwölben. Die große Zentralkuppel ist nicht mehr erhalten. Die Ablaq-Fassade und die Arkadengänge im ersten Stock betonen die Größe des Gebäudes, das komplett renoviert wurde und als zauberhafte Kulisse für Ausstellungen, Modenschauen und andere Events dient. *Unregelmäßig zugängig, Sūq al-Buzūriye*

Khān as-Sadrānī (U/E3)
Noch immer erhalten sind die schweren Holztore des kleinen, intakten Khāns aus dem 18. Jh. *Sūq al-Buzūriye*

Madrase 'Abd Allāh al-'Azem (U/E3)
Koranschule (18. Jh.) mit schönem Innenhof und Arkadengalerie. Vom Dach toller Blick auf die Omayyadenmoschee und das Meer von Kuppeln über dem Sūq. *Zuqāq bain al-Bahratain*

Madrase al-'Ādiliye (U/D2)
In der 1222 fertig gestellten Hochschule hat im 19. Jh. der Historiker Mohammed Kurd Ali die »Académie Arabe« gegründet. Schönes Muqarnasportal. *Hayy al-'Amāra, Sh. al-Killāse*

Madrase az-Zāhiriye (U/D2)
Schmuckstück der Hochschule aus dem 13. Jh. ist der Portalbereich. Aufwändig dekoriert mit prachtvollen Mosaiken und einem schönen Mihrāb ist das Mausoleum des Mamlūkensultans Baibars az-Zāhir, der die Kreuzritter endgültig aus Syrien verjagte. *Hayy al-'Amāra, Sh. al-Killāse*

Maktab 'Anbar (U/E2)
Schmuckstück ist der Salamlik-Hof. Das Bürgerhaus liegt in der *Sh. Maktab 'Anbar.*

Muhatta al-Hijāz (U/C4)
1903 wurde dieser Bahnhof mit musealem Interieur fertig gestellt für die nie vollendete Hijāzbahn nach Mekka. Hier startet die alte Dampflok nach az-Zabadānī im Antilibanongebirge, *dreimal wöchentlich (Di, Fr, So, jeweils um 8.30 Uhr, Ticket ab 35 Cent), Sh. al-Jābirī/Sh. an-Nasr.*

Omayyadenmoschee (U/E2)

★ Ursprünglich stand hier ein dem semitischen Gott Hadād geweihter Tempel. Im 2. Jh. wurde der nun Jupiter geweihte Tempel erweitert. Säulen des gewaltigen Tempelhofes sind östlich und westlich der Moschee heute noch erhalten. Im 4. Jh. fand die Umwandlung zu einer Johannes dem Täufer geweihten Kirche statt. Von 636, dem Jahr der muslimischen Eroberung von Damaskus, bis zum Jahr 708 teilten sich Christen und Muslime die Gebetsstätte. Im Jahr 715 wurden die Bauarbeiten an der Moschee beendet. Nur Teile der von lokalen und byzantinischen Künstlern geschaffenen Mosaiken haben die Brände, Plünderungen und Erdbeben der vergangenen Jahrhunderte überstanden. Sie finden sich im westlichen Teil der Arkadengänge, die den Hof auf drei Seiten umgeben. Originell ist das mit Mosaiken geschmückte, auf Säulen ruhende Schatzhaus. Keines der drei Minarette – es sind die ersten in der islamischen Architektur – gleicht dem anderen. Der weiße Marmorbelag des

Erst Tempel, dann Kirche, dann die Moschee der Omayyaden

weiten Hofes verleiht der Moschee im Sonnenlicht einen majestätischen Schein. *Tgl. 9–17 Uhr, während des Freitaggebets kein Besuch, Eintritt ca. 25 Cent*

Sūq **(U/D-F1-3)**

★ Tausende von Läden, unzählige Nebengassen und alte Khāne (Karawansereien) warten auf ihre Entdeckung. Der Sūq ist das Herz von Damaskus. Den Anfang bildet der von einem Blechdach überwölbte *Sūq al-Hamīdiye.* Hier haben sich neben Textilienhändlern unzählige Souvenirläden angesiedelt. In den Nebengassen werden Waren des täglichen Bedarfs angeboten. An der traditionsreichen »Eisdiele« *Bakdāsh* vorbei gelangt man am Ende des Sūq aus dem 19. Jh. zu den Säulen des Jupitertempels. Links zweigt der *Sūq Bāb al-Barīd* ab. Da ein hungriger Bauch nicht gern studiert, haben sich neben den Buchhändlern vor allem kleine Garküchen und das vorzügliche Restaurant *Mat'am Abū al-'Izz* angesiedelt. Rechter Hand liegt der *Sūq al-Harīr,* der »Seidensūq«. Stoffe, Damenkleidung und Kosmetika werden hier an die Frau gebracht. Der *Khān al-Qīshānī* ist ein früherer Hammām. Reste der schönen Fayencen der Zentralkuppel sind erhalten. Wo früher die Händler im Dampfbad schwitzten, wird heute Brautmode feilgeboten. Die Schneider gaben dem *Sūq al-Khayyātīn* seinen Namen. An der Südfassade der Omayyadenmoschee liegt der *Sūq al-Qabqābiye,* wo Silberhändler und Drechsler auf Kunden warten. Früher wurden hier die traditionellen Holzschuhe und hölzernen Badelatschen *(qabqāb)* hergestellt. Es geht geradeaus weiter, vorbei am Café *Maqhā an-Naufara* und den östlichen Säulen des Jupitertempels. Grün bewachsen ist die Hauptgasse des ursprünglichen *Sūq al-Qaimariye,* der in seiner Verlängerung im Altstadtviertel Bāb Tūmā endet. Goldläden prägen den *Sūq as-Sāgha,* südlich der Omayyadenmoschee. Im *Sūq al-Buzūriye* gibt es alles, was der Gaumen begehrt: Nüsse, Mandeln, Pistazien, Pralinen, Schokolade und Türkischen Honig. Die zweite West-Ost-Achse des Sūqs, die *Shārī' al-Mustaqīm,* führt vom *Bāb al-Jābiye* schnurgerade nach Osten zum *Bāb Sharqī.* Taxis, Lastwagen und Busse im Stau schwängern die Luft mit ihren Abgasen, gegen die der Duft frisch gemahlenen Kaffees keine Chance hat. Hier, im *Sūq Midhat Bāshā,* wird traditionelle syrische Kleidung verkauft. Falls Sie Interesse an den Heilmitteln der Volksmedizin haben, werfen Sie einen Blick in den Laden von *'Abd ar-Razzāq Yaghmūr:* Hier stapeln sich getrocknete Kröten und Echsen, Schildkrötenpanzer, Kräuter und Pülverchen bis unter die Decke. Freitags ist der Sūq nahezu ausgestorben, fast alle Läden bleiben geschlossen!

Sūq al-Juma' **(O)**

Bunter und volkstümlicher Alltagsmarkt am Fuß des Jabal Qāssyūn. Entlang der Hauptgasse liegen zahlreiche Koranschulen und Grabmoscheen aus der ayyubidischen und mamlūkischen Epoche. *Sālihiye, zwischen Sh. al-'Afif und Rukn ad-Dīn*

Sūq Bāb as-Sarīje **(U/E4)**

Ursprünglicher Sūq *zwischen Bāb al-Jābiye und Sāhat al-Fahāme.*

Zwischen Großer Moschee und Sūq liegt der Azem-Palast

MUSEEN

Al-Bīmāristān an-Nūrī (U/E3)
Als Hospital und medizinische Hochschule 1154 von Nūr ad-Dīn errichtet. In den Räumen sind Exponate zur Geschichte der arabischen Medizin und Wissenschaften zu sehen. Die Muqarnas-Kuppel über dem Eingang ist ein Prachtexemplar. *Tgl. außer Di und Fr 8–14 Uhr, Sh. Tāriq Ibn Ziyād*

Madrase al-Jaqmaqiye (U/E2)
Nicht nur die Exponate des *Museums für Arabische Inschriften,* sondern auch das schöne Gebäude selbst (15. Jh.) lohnen den Besuch. *Tgl. außer Di 8–14 Uhr, Hayy al-'Amāra, Sh. as-Sādiriye*

Nationalmuseum (U/C1 5)
★ Das Eingangsportal des Wüstenschlosses *Qasr al-Hair al-Gharbī* schmückt den Eingang. Zu sehen sind Exponate zur frühgeschichtlichen, klassischen und islamischen Zeit. Höhepunkt ist die Abteilung mit Funden aus Ugarit, Mārī und Ebla. Die alte Synagoge aus Duro Europos und die Grabkammer des Yarhay sind ein Muss. *Tgl. außer Di 9–18 Uhr (Sommer), 9–16 Uhr (Winter) – die frühgeschichtliche Abteilung schließt oft früher –, Sh. Shukrī al-Quwatlī*

Qasr al-'Azem (U/E2)
★ In einem wunderschönen und weitläufigen Gouverneurspalast (Mitte 18. Jh.) ist das *Museum für Volkskunst und Brauchtum* untergebracht. Trockenen Fußes zu besichtigen ist auch ein Hammām, der seinen Betrieb eingestellt hat. *Tgl. außer Di 9–18 Uhr (Sommer), 9–16 Uhr (Winter), Sūq al-Buzūriye, Zuqāq bain al-Bahratain*

Stadtmuseum (U/C2)
Traditionelles Damaszener Haus mit prächtig verzierten Innenräumen. *Tgl. außer Di 8–14 Uhr, Hayy as-Sārūja*

RESTAURANTS

Abū al-'Izz (U/D2)
Bei Damaszenern sehr beliebt. Vorzügliche traditionelle Küche, ab 22 Uhr dezente Livemusik. Kein Alkohol. *Sūq al-Hamīdiye, Bāb al-Barīd, versteckter Eingang, Tel. 011/221 81 74, €€*

Al-Fārūq **(U/A6)**
Das zarteste *lahm shaqaf* und der beste *kabāb* der Stadt, kein Alkohol. *Al-Mālkī, Jāddet al-Bizim, Tel. 011/371 90 72,* €

Alf Laila wa Laila **(U/E2)**
Durchschnittliche Küche in einem 300 Jahre alten Altstadthaus, Livemusik (tgl. ab 21.30 Uhr) und Alkohol. *Hayy al-Qaimariye, Muqābil, Tallet al-Qādī, Tel. 011/ 542 30 21,* €€–€€€

Casa Blanca **(U/F1)**
Edles Ambiente in einem Altstadthaus mit schönem Patio. Ambitionierte syrische und internationale Küche zu gehobenen Preisen (Hauptgerichte à la carte 7,50 bis 10 Euro) und Importbier. Guter Service. *Sh. Hanāniyā, Bāb Sharqī, Tel. 011/541 75 98,* €€€

Dimashq al-Qadīme **(U/D2)**
Sehr gute Küche und große Vorspeisenauswahl gibt es im »Damascus at night« – so das Schild mit Eigenwerbung. Statt Alkohol wird in den aufwändig gestalteten Gasträumen *'Ayrān* ausgeschenkt. Von 21 bis 24 Uhr Livemusik. *Hinter der Zitadelle, Sh. al-Killāse, Tel. 011/221 88 10 und 222 96 62,* €€

Elissar **(U/F1)**
Vornehmes Restaurant mit Landesküche in einem schönen Altstadthaus. Alkoholausschank. *Bāb Tūmā, muqābil Hammām al-Bakrī, Tel. 011/542 43 00,* €€€

Kahaf Ba'al **(U/F1)**
Die »Höhle des Baal« ist ein kleines, elegantes Lokal in einer 400 Jahre alten früheren Bäckerei. Hier genießt man feine Levanteküche und Wein. *Safl al-Tāhl, Bāb Tūmā, kein Tel.,* €€–€€€

Kentucky Fried Chicken **(O)**
1998 mit Pomp und nationaler nebst US-amerikanischer Politprominenz eröffnet. Bei trendbewussten Kids der Renner, letzte Rettung für ausländische Fastfood-Junkies. *An der »Autostrad« in Mazze, Tel. 011/611 11 09,* €€

Le Chevalier **(O)**
Levantinische und europäische Gerichte in angenehmer Atmosphäre, dazu guter libanesischer Wein. *Abū Rumāne, Sh. 'Abd al-Malik, Sāhat Ibn Rushd, Tel. 011/333 25 74,* €€€

Mat'am al-'Arabī al-Kabīr **(U/D3)**
Günstige Preise, freundliches Personal, korrekte Rechnungen. Gemüse sorgt für Gaumenfreuden, und die Crème Caramel ist ein Traum. Kein Alkohol. *Al-Merje-Platz, neben dem nicht ganz so schönen Stammhaus al-'Arabī, Tel. 011/223 43 32,* €

Mat'am an-Nadwa **(U/C4)**
Gut gelaunte, trinkfeste Geschäftsleute sind das Publikum dieses rustikalen Lokals mit Alkoholausschank. *Sh. al-Mutanabbī, Tel. 011/221 17 79,* €€

Mat'am Sahlūl **(U/D3)**
Das Traditionslokal bietet die besten Gemüsegerichte zu fairen Preisen. Spitze: *Waraq 'Ainab* (gefüllte Weinblätter) und *Kūza bī laban* (gefüllte Zucchini in Joghurtsoße), dazu frischer 'Ayran. *Sh. al-Furāt (zwischen al-Merje-Platz und Zitadelle), Tel. 011/221 34 45,* €–€€

Palais des Nobles **(U/B5)**
In üppig-protzigem Interieur wird französische, chinesische, italienische und indische Küche serviert. Das Essen ist ordent-

lich, das Publikum stets sehenswert. Teure Renommieradresse auf dem Messegelände. *Damascus International Fair, Tel. 011/ 223 47 42 und 224 61 64, €€€*

Zaitūna **(U/F1)**
In einem schönen Altstadthaus mit Innenhof. Gute Landesküche, Riesenauswahl an Mezze. Menüs 7,50 (mittags) bis 11 Euro (abends). *Sh. az-Zaitūna, Bāb Sharqī, Tel. 011/543 13 24, €€€*

EINKAUFEN

Ganz zu Beginn einer »tour de souvenir« sollte der Besuch des *Bakdāsh* im *Sūq al-Hamidiye* stehen. Im Sommer gibt es hier das leckere arabische Eis, *būza,* im Winter ist *muhallabiye* (Milchpudding mit Rosenwasser) der Renner. In der *Sh. al-Mustaqīm* und am *Bāb al-Jābiye* werden Kupfer- und Messingwaren, Holzeinlegearbeiten, Wasserpfeifen und Antiquitäten angeboten. Im *Sūq al-Buzūriye* gibt es säckeweise Nüsse und Pistazien. Arabische und westliche Interpreten werden im *NAI (Abū Rumāne, Sh. Sha'lān)* und bei *EIDO (Abū Rumāne, Sāhat Ibn Rushd)* von CDs auf Kassetten kopiert.

HOTELS

Al Amer Hotel **(U/C5)**
Neues Hotel, 30 modern ausgestattete Zimmer (Satelliten-TV, Kitchenette und Direkttelefon), nur 15 Gehminuten vom Zentrum. Businesscenter mit Internet- und E-Mail-Service. Orientalische und europäische Küche. *Al-Barāmke, hinter dem Immigration Office (Hijra wa Jawazāt in der Sh. al-Filastīn), Tel. 011/211 66 00, Fax 212 88 89, Alamerhotel@net.sy, €€*

Al-Haramain **(U/C3)**
Ein kleiner Innenhof mit Springbrunnen ziert das Altstadthaus. Sehr einfache Zimmer (Doppelzimmer ab 7,50 Euro). Nur Gemeinschaftsduschen. *13 Zi., Hayy as-Sārūja, Sh. al-Bahsa, Tel. 011/ 231 94 89, Fax 231 42 99, €*

Ar-Rabī' **(U/C3)**
Das Altstadthaus mit großem, grünen Innenhof bietet 14 sehr einfache Zimmer (Doppelzimmer mit Bad ab 7,50 Euro). *Hayy as-Sārūja, Sh. al-Bahsa, Tel. 011/ 231 83 74, Fax 231 18 75, €*

Carlton Damascus **(O)**
Komfortables Hotel zwischen Mezze Road und Sh. 6 Nisān unweit des Omayyaden-Platzes. Die 100 Zimmer, davon zwei Suiten mit Jacuzzi, sind großzügig und elegant ausgestattet (Aircondition, Satelliten-TV). Kleiner Pool und Sauna. *Sh. 6 Nisān, Tel. 011/21 22 00 02, Fax 212 20 07, Carlton_Hotel@net.sy, €€€*

Cham Palace **(U/B3)**
Das beste Hotel der Stadt liegt sehr zentral. Seit 1995 eines der »Leading Hotels of the World«. 400 luxuriöse und geschmackvolle Zimmer. First-Class-Service, Fitnessclub und Swimmingpool auf dem Dach. Drehbares ✻ Panoramarestaurant »Etoile d'Or« mit guter syrischer Küche und westlichen Gerichten, ein vorzügliches chinesisches, ein neues japanisches und ein gutes italienisches Restaurant. In der Disko »Jet Set« tanzt die Jeunesse dorée. Straßencafé »Brésil« fürs Sehen und Gesehenwerden. *Sh. Maisalūn, Zentralreservierung Tel. 011/223 23 00, Fax 222 61 78, Reservierung in Deutschland unter Tel. 0800/852 11 00, €€€*

Ebla Cham Palace **(O)**
Inmitten der Ghuta, weit außerhalb der Stadt gelegenes Luxushotel mit riesigem Swimmingpool, Reit- und Countryclub. Das größte Fünfsternehotel Syriens. *500 Zi., Airport Road, Zentralreservierung Tel. 011/223 23 00, Fax 222 61 78, Reservierung in Deutschland unter Tel. 0800/852 11 00, €€€*

Majed **(U/C3)**
Günstige untere Mittelklasse mit 50 Zimmern im Herzen von Damaskus. In der Nebensaison gibt es die verkitschten Zimmer ab 30 US-Dollar. *Hinter dem Kino as-Sufarā und vis-a-vis des Nādī al-'Ummāl, Sh. 29 Ayyār, Tel. 011/232 33 00, Fax 232 33 04, €–€€*

New Fair Hotel **(U/C3–4)**
Für alle, die keine Lust auf hartes Low-Budget haben, aber dennoch sparen wollen. 54 saubere Zimmer ab 20 Dollar in barock-verquastem Design. *Sh. al-Fardūs, Muqābil al-Muhāfaza, Tel. 011/224 80 45 und 224 73 98, Fax 232 33 04, €*

Omayad **(U/B4)**
Älteres Gebäude im Kolonialstil. Das zentral gelegene Hotel wurde 1993 völlig restauriert. *65 Zi., Sh. al-Brazīl, Tel. 011/221 77 00, Fax 221 35 16, €€€*

SPIEL UND SPORT

Eine kleine Auswahl schöner Bäder (geöffnet 8 bis 24 Uhr): Der ★ ☺ *Hammām Nūr ad-Dīn* (**U/E3**, *im Sūq al-Buzūriye)* ist sicher der schönste in Damaskus. Fast nur Einheimische finden Sie im ☺ *Hammām al-Muqaddam* (**O**, *ash-Sharkasiye, Jāddet al-Muqaddam).* Praktischerweise nur einen Katzensprung vom Restaurant Abū al-'Izz entfernt liegt der *Hammām al-Malik az-Zāhir* (**U/D2**, *Hayy al-'Amāra/Bāb al-Barīd).* Nur der *Hammām al-Ward* (**U/C3**, *as-Sārūja, Sh. al-Ward)* ist Di, Mi 12–18 Uhr für Frauen geöffnet.

AM ABEND

Haben Sie nach einem hektischen Tag Lust auf ein kühles *Baradā*-Bier in historischem Ambiente, sollten Sie den ★ ☺ *Nādī al-'Ummāl* (*Arbeiterclub,* **U/C3**) *150 m hinter dem Kino Les Ambassadeurs (29th May St.) beim Hotel al-Majed* aufsuchen. Der baumbestandene Innenhof mit Brunnen lädt zum Entspannen ein.

Die Promeniermeile der Jugendlichen erstreckt sich entlang der *Sh. Maisalūn* (**U/B3–4**). Im ☺ *Shimmis* oder *Damascene* trifft man sich auf einen Kaffee. Wer Lust auf Karaoke hat, geht in die *Piano Bar* (**U/F1**, *Bāb Sharqī, Sh. Hanania, Tel. 011/542 05 42).* Für einen Schaufensterbummel bieten sich die *Sh. al-Hamrā* und die *Fußgängerzone Sh. as-Sālihiye* an (**U/A–B3**). Wer Interesse an syrischer Kunst hat, sollte der *Galerie d'Art Damas* (**U/B3**, *Sh. Jamāl 'Abd an-Nāsir, Jaddet ar-Rusāfī)* einen Besuch abstatten. Ausländische Filme zeigt das *Kino im Cham Palace* (**U/B3**).

In den *Wasserpfeifencafés* der Stadt schmauchen die Herren der Schöpfung ihre Wasserpfeife und spielen *taula* (Backgammon). Ein Café mit langer Tradition ist das ☺ *Maqhā al-Hijāz* (**U/C4**) neben dem Hijāzbahnhof. Dreimal ist es seit seiner Eröffnung 1947 abgebrannt und wieder aufgebaut worden. In luftiger Höhe frönt man dem rauchigen Laster auf der Dachterrasse des *Sharq al-Ausat* (**U/C3**, *Sh. Yūsuf al-'Azme).* In gediegener Atmosphäre blubbern die Pfeifen des *Café Havanna (Sh. Port Sa'id)*. Das berühmteste Café aber ist das *Maqhā an-Naufara hinter der Omayyadenmoschee* (**U/E2**).

AUSKUNFT

Hijra wa Jawāzāt (U/C5)
Das *Passamt* liegt in der *Sh. al-Filastīn im Stadtviertel al-Barāmke (tgl. außer Fr 8–14 Uhr)*.

Staatliche Busgesellschaft Karnak (U/C5)
Tickets erhalten Sie im zentralen Busbahnhof *(Muhattat al-Bās)* an der *Sh. al-Filastīn* im Viertel *al-Barāmke*.

Tourist Office
Nur die kostenlosen Stadtpläne und Karten lohnen den Weg. *Sh. 29 Ayyār (29th May St.), tgl. außer Fr 9–19 Uhr*

ZIELE IN DER UMGEBUNG

Blūdān (120/C1)
Beliebter Ausflugsort der Damaszener auf 1500 m Höhe mit reger Bautätigkeit. In den Sommermonaten amüsieren sich hier Heerscharen wohlhabender Golfaraber. Die Einwohnerzahl steigt dann von 6000 auf ein Vielfaches.

Landschaftlich reizvoll ist die 50 km lange Anfahrt von Damaskus durch das Baradātal hinauf in den Antilibanon. Ein historischer Dampfzug verkehrt dreimal in der Woche zwischen Hijāzbahnhof und az-Zabadānī. Von Bludān öffnet sich ein schönes Panorama über die weite und fruchtbare az-Zabadānī-Ebene und die Hänge des Libanongebirges. ★ *Baidar Abū Zād (Tarīq Abū Zād, €€)* ist ein 1993 eröffnetes Gartenrestaurant mit schöner Aussicht auf den Hermon. Alle Arten von Alkoholika, eine endlose Speisekarte und Wasserpfeifen mit duftendem, honiggetränktem Tabak erwarten Sie am höchsten Punkt von Bludān: Das ★ *Wādī Abū Zād (am Ende des Tarīq Abū Zād, €€)* ist ein schattiges Familienrestaurant mit riesiger, von Pappeln umgebener Sommerterrasse und sehr guter traditioneller Küche. 60 hervorragend und geschmackvoll ausgestattete Zimmer mit Safe, Di-

Das alte Ortszentrum von Ma'lūlā mit seinen Lehmhäusern unter hohen Felsen

Wie eine Festung der Frommen wirkt das Kloster Saidnāyā

rekttelefon und Satelliten-TV bietet das *Regency Park Hotel (Tel. 011/711 59 99, Fax 711 59 90, www.regencysyria.com, €€€).* Auch online buchbar, dabei je nach Saison 10 bis 50 Prozent Rabatt! Syrische Küche wird im *Sanawabara* serviert, Italoküche im *Pergo.*

Ma'lūlā **(121/D1)**

Die Bewohner des berühmtesten Dorfes in Syrien haben sich bis heute ihren aramäischen Dialekt bewahrt, den so ähnlich schon Jesus gesprochen haben soll. Der Ort liegt malerisch am Fuß steiler, von Höhlen durchzogener Felshänge. Die Lehmhäuser, mit leuchtend blauem Anstrich, der reizvoll mit dem Braungrau der Felswand kontrastiert, schmiegen sich eng an den Steilhang. Hässliche Betonbauten am Ortsrand sind Zeugen jüngster Bauwut. Durch den *Faj,* eine Felsschlucht, durch die die heilige Thekla ihren Verfolgern entkommen sein soll, erreicht man das über dem Dorf thronende *Sergiuskloster (Deir Mār Sarqīs).* In der mehr als 1500 Jahre alten Kirche sind sehr schöne Ikonen aus dem 13. Jh. zu sehen. Noch älter ist die *Maghārat Khūrī yūsuf,* eine frühchristliche Höhlenkapelle.

Ma'lūlā liegt mit Minibussen leicht erreichbar 60 km nördlich von Damaskus. Für das *Hotel Safir (37 Zi., Tel. 012/777 02 52, Fax 777 02 55, €€€)* in toller Panoramalage sollte man unbedingt reservieren! Einziges Lokal ist das *King Milous Restaurant (€€€) im Hotel Safir.* Die sehr einfache *Cafeteria* unterhalb des Thekla-Klosters bietet Sandwiches und den kräftigen Ma'lūlā-Wein.

Saidnāyā **(120–121/C–D1)**

Festungsgleich thront das riesige griechisch-orthodoxe Kloster auf einer Hochebene des Qalamūngebirges. In einer dunklen, mit Votivgaben voll gestopften Kammer wird die *Shaghūra* aufbewahrt. Diese angeblich vom hl. Lukas in Tartūs gemalte Ikone der Jungfrau Maria soll Wunder wirken. Auch Muslime besuchen sie. *30 km nördlich*

Wasserräder und Wüstenschlösser

Reste alter Kulturen zwischen Euphrat und Orontes

Die Bādiye, eine Wüstensteppe, trennt das Zweistromland von den grünen Bergzügen am Mittelmeer. Im Zweistromland zwischen Euphrat und Tigris ruhen unter Lehm und Steinen Zeugnisse jahrtausendealter Hochkulturen. Der Osten des Landes ist wirtschaftlich bedeutend: Intensiv bewässerte Baumwollfelder und die Ölfelder um Dair az-Zūr sind wichtige Devisenbringer.

Wo einst die Karawanen zogen, verkehren heute Busse und Taxis auf modernen Teerstraßen. Die Beduinen transportieren Hausrat und Herden mit alten Lastkraftwagen zu ihren Lager- und Weideplätzen. Fahrende Schulen ziehen ihnen hinterher und vermitteln den Kindern die nötige Bildung.

Auf halbem Wege zwischen dem Tal des Orontes *(al-'Āsī)*, der im Übrigen von Süden nach Norden fließt, und dem Euphrat *(al-Furāt)* liegt in einer Oase Palmyra. Die beeindruckenden Ruinen sind ein Höhepunkt Syriens.

Qal'at Shaizar bei Hamā war einst Festung im arabischen Kampf gegen die Kreuzritter

Östlich des Euphrat liegt die Jazīre, die »Insel zwischen Euphrat und Tigris«. Schon in der Antike wurde in den Tälern von Euphrat und al-Khābūr intensive Bewässerungslandwirtschaft betrieben. Als das Osmanische Reich vor allem im 19. Jh. die Kontrolle über die marodierenden Nomadenstämme verlor, verödeten die Felder und Siedlungen im Osten.

Erst seit der Unabhängigkeit Syriens wurde das jahrtausendealte Kulturland wieder bestellt und neu besiedelt. Intensive Bewässerung treibt seitdem das Grün neuer Ackerflächen immer weiter in die Steppe. Doch während neue Kanäle gezogen werden, holt sich andernorts die Steppe zurück, was die Menschen ihr abtrotzten. Durch starke Versalzung geht viel Boden verloren.

DAIR AZ-ZŪR

(115/D2) Die einzigen wirklichen Sehenswürdigkeiten der vor 140 Jahren von den Osmanen gegründeten Stadt am Euphrat mit knapp 200 000 Einwohnern sind die von den Franzosen errichtete Hänge-

MARCO POLO TIPPS FÜR ZENTRAL- UND OSTSYRIEN

1 **Apameia**
Zwei Kilometer Kolonnaden (Seite 51)

2 **Euphrat-Touren**
Syrien im Zeitlupentempo (Seite 48)

3 **Palmyra**
Der absolute Höhepunkt einer Syrienreise (Seite 54)

4 **Qasr al-'Azem**
Prachtvoller Palast in Hamā (Seite 50)

5 **Qasr Ibn Wardān**
Bienenkorbhäuser, byzantinische Baukunst und Steppe (Seite 52)

6 **Wasserräder von Hamā**
Ob singend, jammernd oder jaulend – stimmgewaltig sind die Norias am Orontes allemal (Seite 50)

7 **Zenobia Hotel**
Hotel für Romantiker und Genießer am Rande der Ruinen von Palmyra (Seite 57)

brücke *(al-Jisr al-Mu'allaq)* und das neue Museum mit Funden aus Mārī und Duro Europos.

Der Sūq glänzt weder durch schöne, alte Gebäude noch durch Größe, ist aber sehr bunt und lebhaft und einen Bummel wert.

MUSEUM

Mathaf Dair az-Zūr
Ein Besuch des großzügigen Museums mit Funden auch aus Duro Europos und Mārī macht auch vor einer Besichtigung dieser Orte alles wesentlich anschaulicher. *Tgl. außer Di 8–14 Uhr, an der Hauptstraße nach Raqqa, Tarīq Halab*

RESTAURANT

Ash-Shāti al-Azraq
Einfaches Lokal am Euphrat. Hier haben Sie einen schönen Blick auf die Hängebrücke. *Sh. al-Hurriye, €*

HOTELS

Arabī al-Kabīr
Einfach und dafür billigst. Die Zimmer im Obergeschoss sind besser. *Sh. Khālid bin Walīd, Tel. 051/22 20 27, €*

Furat Cham Palace
Wunderschön über dem Euphrat gelegenes Luxushotel mit großzügigen Zimmern (die an der Flussseite reservieren!). *200 Zi., Tarīq Halab, Cham-Zentralreservierung in Damaskus unter Tel. 011/ 223 23 00, Fax 222 61 80, €€€*

Raghdan
Einfache und relativ saubere Zimmer. *23 Zi., Sh. an-Nahr, Tel. 051/22 20 53, Fax 22 11 69, €*

SPORT

Euphrat-Touren
★ Hautnah den Euphrat erleben! Vier Tage lang können Sie mit

Motorbooten von Dair az-Zūr nach Mārī fahren (mit Camps auf Inseln). Seit 1999 werden auch mehrtägige Kanutouren auf dem Euphrat angeboten. *Nawafir Travel and Tours in Damaskus, Tel. 011/ 231 93 27, Fax 231 94 57, www.nawafir-tours.com*

ZIELE IN DER UMGEBUNG

Duro Europos (As-Sālihiye)(115/E5)
Haupttor und Westteil der über 8 m hohen Lehmmauer, die die Seleukiden im 3. Jh. v. Chr. um ihre Garnison errichteten, sind gut erhalten. Innerhalb der Mauern Fundamente zahlreicher Tempel, die aber beim archäologischen Laien bestenfalls verhaltene Begeisterung auslösen. Von der Zitadelle kann man den Blick über das Euphrattal genießen. *90 km südlich, gute Asphaltstraße Richtung al-Būkamāl*

Halabiye und Zalabiye (113/F5)
Byzantinischer Festungskomplex beiderseits des Euphrats. Die Anlage sollte den Expansionsgelüsten der Sassaniden Einhalt gebieten. *60 km nördlich von Dair az-Zūr*

Mārī (Tell al-Harīrī) (115/F5)
Vor 3700 Jahren wurden die Lehmmauern des 25 000 m² großen *Zimri-Lim-Palastes* errichtet. Der Stadtstaat Mārī lag an der Handelsroute, die Babylonien mit dem Mittelmeer verband. Auskunft über das Leben und die Geschäfte in der Königsstadt geben Tausende von hier gefundenen Lehmtafeln in Keilschrift. *122 km südlich von Dair az-Zūr, in Richtung al-Būkamāl*

HAMĀ

(116/C2) Sattes Grün schmückt die Ufer des Orontes. Die Stadt (170 000 Ew.) an der Schnittstelle zwischen fruchtbarem Ackerland und der Steppe der Nomaden war schon immer ein lokales Handelszentrum. Nördlich von Hamā liegt der *Ghāb,* die wasserreiche, fruchtbare Senke

Jaulend und knarrend schaufeln die Wasserräder in Hamā das kostbare Nass

des Orontes. Mächtige Wasserräder schöpften schon vor mehr als 1500 Jahren das Wasser aus dem tief gelegenen Orontes in Aquädukte, die es auf die Felder und als Brauchwasser in die Häuser brachten. Trinkwasser kam aus Quellen in der Umgebung. Mehr als ein Dutzend dieser *Norias* (*Nā'ūra*, Mehrzahl *Nawā'ir*) bilden die Hauptattraktion der Stadt. Überall entlang des Flusses tauchen sie schwerfällig und mit lautem Knarren – der Name *Nā'ūra* ist mit dem syrischen Dialektwort für »Jaulen« verwandt – ihre bemoosten Holzspeichen in das Wasser. Gemächlich drehen sie sich in ihren algenüberwachsenen, wuchtigen Lagern und schütten das im Sonnenlicht gleißende Wasser in die Aquädukte. Wenn der Staudamm von Homs gefüllt wird, stehen die Wasserräder unter Umständen für Wochen still.

BESICHTIGUNGEN

Hayy al-Bāshūra
Schönes Altstadtviertel mit engen Gassen entlang dem Orontes.

Jāmi' Abī al-Fidā
Moschee mit bemerkenswerten Fassaden im Innenhof. *Hayy ash-Shahbā*

Jāmi' an-Nūrī
Ein markantes, schwarzweißes Minarett erhebt sich über dem schönen Innenhof der Moschee aus dem 12. Jh. *Hayy al-Bāshūra, Jisr 'Abd al-Qādir al-Kailānī*

Nā'ūra al-Jisriye
★ »Sangesfreudiges« Wasserrad am Stadtpark. *Sāhat al-'Āsī*

Nā'ūra al-Muhammadiye
★ Das größte Wasserrad der Stadt (14. Jh). *Sh. ath-Thaura*

Nā'ūra an-Nūriye
Von »Singen« kann bei diesem Wasserrad keine Rede sein: Martialischer Lärm erfüllt die enge Gasse! *Unterhalb der Nūrī-Moschee*

Nawā'īr al-Arba'
★ Die vier Wasserräder nehmen fast die gesamte Breite des Orontes ein. Weil in den Casinos am Ufer stets dankbares Publikum sitzt, führen Jugendliche vor allem hier ihre tollkühne Wasserradakrobatik vor. *Hayy ash-Sharī'a*

Nawā'īr al-Mamūriye
★ Lautstark machen die drei Wasserräder aus dem 15. Jh. auf sich aufmerksam. *Hayy al-Bāshūra, Mamurr al-Bārizī*

Sūq
Der Sūq ist zwar ausgesprochen lebhaft, weist aber kaum alte Bausubstanz auf. Die Hauptachse bildet der *Sūq at-Tawīl*. *Zwischen Sh. al-Murābit und Sh. al-Mutanabbī*

MUSEUM

Qasr al-'Azem
★ Auch diesen prächtigen Palast verdankt die Nachwelt Herrn As'ad Pasha al-'Azem, seines Zeichens bauwütiger Gouverneur des Sultans in Hamā und in Damaskus. Nicht nur die Exponate des Museums sind sehenswert (sehr schöne Mosaiken aus dem 4. und 5. Jh.), sondern auch der Palast selbst mit Innenhöfen und reich verzierten Räumen. *Tgl. außer Di 8–14 Uhr, Hayy al-Bāshūra, Mamurr al-Bārizī*

RESTAURANTS

Al-Bustān
Kasinolokal direkt bei den vier Norias. Gute traditionelle Küche und schöne Aussicht. Kein Alkohol, den gibt's gleich nebenan im Restaurant Al-Arba' Nawā'ir (dort aber schlechtes Essen). *Sh. al-Bashriyāt, €–€€*

An-Nādī al-' Āilī
Nur abends ab 19 Uhr serviert der »Family Club« erstklassige Gerichte. In schönem Ambiente und sauberen Räumlichkeiten werden Sie von ausgesprochen freundlichem Personal bedient. *Hayy al-Madīne, hinter der römisch-orthodoxen Kirche St. Georg, €€*

Ar-Rauda
Schöne Aussicht ohne Bier. *Sāhat al-'Āsī, €–€€*

Sultān
Das kleine Lokal liegt direkt am grölenden Nūriye-Wasserrad. Das Essen ist gut, aber es gibt keinen Alkohol. *Hayy al-Bāshūra, €*

HOTELS

Apamea Cham Palace
Luxushotel mit Swimmingpool und schönem Blick auf die Moschee Jāmi' an-Nūrī, den Orontes und das Nūriye-Wasserrad. Das Restaurant Les Norias hat eine Terrasse. *200 Zi., Jisr 'Abd al-Qādir al-Kailānī, Cham-Zentralreservierung Damaskus über Tel. 011/223 23 00, Fax 221 23 98, €€€*

Ar-Riyād
Sehr sauberes, gemütliches und freundliches Haus – und dazu preisgünstig (Doppelzimmer ab 9 Euro). Einfach empfehlenswert. *18 Zi., Sh. al-Quwatlī, Tel. 033/23 95 12, Fax 51 77 76, €*

Cairo
Ein sauberes Hotel mit günstigen Preisen. *22 Zi., Sh. al-Quwatlī, Tel. 033/22 22 80, Fax 23 72 06, €*

Noria
Sehr komfortable Zimmer, günstiger Preis (Doppelzimmer 28 Dollar). Dachrestaurant mit guter Aussicht. *30 Zi., Sh. al-Quwatlī, Tel. und Fax 033/511715, €*

AM ABEND

Der *Hammām al-As'adiye* im Sūq at-Tawīl bietet bis 22 Uhr Badevergnügen. Die kühle Alternative zum Schwitzbad findet sich bei *Salūra* in der *Sh. al-Quwatlī:* Eine Patisserie im Besitz der Zuckerbäckerdynastie Salūra, die nicht nur die Stadt Hamā, sondern ganz Syrien mit Eis, Milchreispudding und anderen Süßigkeiten zum Naschen verführt. Für eine Runde Backgammon und einen Tee bietet sich das *Café al-Mamūriye* am Orontes an.

AUSKUNFT

Tourist Office
Sh. 'Abd an-Nāsir, Stadtpark

Staatliche Busgesellschaft Karnak
Sāhat al-'Asī

ZIELE IN DER UMGEBUNG

Apameia **(110/B6)**
★ Selekeus I., Feldherr und Städtebauer mit Familiensinn, hatte bei der Gründung und Namensgebung der Stadt im 3. Jh. v. Chr. seine Gemahlin Apameia im Kopf (Mutter Laodecia wurde ja

schon an der Küste durch die Stadt al-Lādiqiye verewigt).

Die *Säulenstraße* verschlägt einem nicht nur wegen ihrer Länge den Atem. Das weitläufige Terrain birgt Ruinen von Thermen, Villen, Kirchen, Tempeln und – nur noch in traurigen Resten – ein Theater. Phantastische Mosaiken liegen dem Besucher des Museums in den Tonnengewölben des *Khān al-Qal'a* zu Füßen. *Tgl. außer Di 8–14 Uhr. Qal'at al-Mudīq – so heißt der heutige Ort – liegt 50 km nordwestlich von Hamā.*

Dair as-Sulaib (116/B2)
Gut erhaltene Basilika aus dem 6. Jh. mit großem, kreuzförmigen Taufbecken. *34 km westlich von Hamā in Richtung Masyāf*

Masyāf (116/B2)
In der *Festung (al-Qal'a)* über dem unansehnlichen Ort hausten die Assassinen, brachten sich ab und an mit Haschisch in Stimmung, um dann auf Befehl des »Alten« (vom Berge) ein paar Würdenträger des Reiches zu meucheln. So oder so ähnlich soll es gewesen sein mit den *Hashīshīn,* den »Kiffern«, aus denen im Französischen die *assassins* (»Mörder«) wurden. Der gesamte Burgberg scheint durchwühlt und unterhöhlt mit Kasematten und langen Wehrgängen im Fels.

Bei Hunger hilft nur der Gang zum Südende der Stadt. Unter hohen, schattigen Bäumen gibt es im *Maqsaf ash-Shallālāt in der Sh. Homs* Kabāb, Cola und Bier.

Qal'at Shaizar (116/C1)
Hoch über der Orontesschlucht thront die weitläufige Festung. Im Donjon (Wohn- und Wachturm) am Burggraben gibt es schöne Kreuzgewölbe. Als Zentrum des arabischen Widerstandes gegen die im Qal'at al-Mudīq und im Qal'at Abū Qabīs stationierten Kreuzritter spielte die Festung in der Hand eines lokalen Stammesverbandes im 11. und 12. Jh. eine wichtige Rolle. *25 km nordwestlich von Hamā*

Qal'at Shamāmīs (117/D2)
Auf einem skurrilen kreisrunden Bergkegel liegen die Reste der alten »Festung der Priester«. In absoluter Stille genießt man den Blick über die Steppe. *28 km östlich von Hamā in Richtung Salamiye, 3 km Piste*

Qasr Ibn Wardān (117/D1)
★ Mitten durch die Bādiye führt die Anreise. In *Tawāl Dabāghīn* und *Surūj* stehen schöne Bienenkorbhäuser. Qasr Ibn Wardān wurde Ende des 6. Jhs. als Militärstützpunkt der Byzantiner errichtet. Ein Palast mit schöner Fassade, verzierten Tür- und Fensterstürzen und eine Kirche mit unter dem Sand verborgenem Mosaikboden sind erhalten. *60 km nordöstlich von Hamā, Anfahrt über al-Hamrā; Schlüssel im Haus nebenan*

Bienenkorbhäuser in der Bādiye

Zeitvertreib bei Brettspiel und Wasserpfeife in einem Kaffeehaus in Homs

HOMS

(116/C3) Südlich der Stadt beginnen die ersten Ausläufer des Antilibanon, im Osten liegt die Wüstensteppe, im Westen gibt der Durchbruch zwischen Libanon- und Küstengebirge den Weg zur Küste frei. Homs (1 Mio. Ew.) war und ist ein wichtiger Verkehrsknotenpunkt. Überragende Sehenswürdigkeiten gibt es hier nicht. Berühmt wurde die Stadt auch außerhalb des Landes vor allem durch die Witze, die über sie gemacht werden. Der Einwohner von Homs, der *Homsī*, ist der Ostfriese Syriens.

BESICHTIGUNGEN

Hammām al-'Uthmān
Schön restaurierter Hammām mitten im Sūq. *Sh. as-Suyāgh, 9 bis 21 Uhr*

Jāmi' Khālid Bin Walīd
Ein erfolgreicher Heerführer des Propheten Mohammed liegt in der 1910 neu erbauten Moschee begraben. Er eroberte Syrien und trug den Beinamen »Schwert Gottes«. *Sh. Hamā*

Kanīse Mār Ilyān
Neben der farbenfrohen Bemalung aus den Siebzigerjahren des 20. Jhs. sind im alten, überbauten Kirchenteil noch schöne Fresken aus dem 13. Jh. zu sehen. *Hayy Bāb ad-Darīb, Sh. al-Warshe*

Kanīse Umm az-Zunnār
Der hier gefundene Gürtel der Jungfrau Maria ist Gegenstand eines lebhaften Reliquienkultes. Die Kirche über der vermeintlichen Fundstelle stammt aus den Fünfzigerjahren. *Sh. al-Abrār*

Qasr az-Zihrāwī
Mamlūkischer Stadtpalast (13. Jh.). Der Iwān und die Innenräume besitzen ungewöhnlich gestaltete Kuppeln. *Sh. 'Omar al-Mukhtār*

Sūq
Der Sūq ist einen längeren Bummel wert. Nicht nur die Stadtbewohner, auch sehr viele Beduinen aus der Umgebung erledigen hier ihre Einkäufe. Kup-

Suppiluliuma, Mutawalli und Hattusili

Das sind weder Gewürznamen noch palmyrenische Eintopfgerichte. Suppiluliuma war jener expansionsfreudige Hethiter, der mit seiner Landnahme in Syrien die Pharaonen reizte. Unter seinem Nachfolger Mutawalli kam es bei Qādesh, südlich von Homs, zur Schlacht mit den Ägyptern. Sie endete mit einem Patt, aus dem Ramses II. freilich auf den Reliefs im heimischen Luxor-Tempel in bewährter Politikermanier einen glorreichen Sieg machte. Der Dritte schließlich, Hattusili, sicherte durch einen Vertrag mit den Ägyptern den hethitischen Einfluss in Syrien.

pelgewölbe vor allem im *Sūq al-Khayyātīn. Das Sūqgelände erstreckt sich zwischen Sh. Abū al-'Auf und Abū al-Haul*

RESTAURANTS

Zahlreiche kleine Kabāblokale finden Sie in der *Zuqāq Abū al-Alā, unweit des Tourist Office.*

Al-Ahrām

Ausgezeichnetes, großzügig angelegtes Restaurant im Grünen. Der Weg hinaus aus der Stadt lohnt sich. Gute traditionelle Gerichte, auch alkoholische Getränke, stets viele Gäste. *Al-Mīmās,* €€

Confiserie Natour

Riesenauswahl an Süßem. *Sh. Ibn Khaldūn, Bināyet Sharīkh*

Dīk al-Jann

Ausflugslokal in den »Gärten von Homs«. *Al-Mīmās,* €€

HOTELS

An-Nasr al-Jadīd

Das Haus für Leute mit Schwäche für den »echten Orient« wurde vor 80 Jahren gebaut. Sehr (!) einfach, sehr billig – aber sehr sauber. 15 Zimmer ohne Bad und WC. *Sh. al-Quwatlī, Tel. 031/22 74 23,* €

Grand Hotel Homs

Sehr gut und mit 80 Dollar pro Doppelzimmer billiger als das Safīr. *60 Zi., Tarīq Dimashq, Tel. 031/41 26 00, Fax 42 30 21,* €€

Raghdān

Einfaches Hotel. *30 Zi., Sh. al-Quwatlī, Tel. 031/22 52 11,* €

Safīr

Großer Pool, 90 überteuerte Zimmer. *Hayy al-Inshaāt, Tel. 031/41 24 00, Fax 43 34 20,* €€€

AUSKUNFT

Tourist Office

Sh. Shukrī al-Quwatlī

Staatliche Busgesellschaft Karnak

Sh. Hamā

PALMYRA (TADMUR)

(118/A4) ★ Inmitten der syrischen Wüstensteppe, zwischen Mittelmeer und dem träge nach Süden fließenden Euphrat, liegt die Oase Tadmur (30 000 Ew.) mit den Ruinen von Palmyra. Das ausgedehnte Ruinenfeld liegt im Westen der Stadt, im Süden erstrecken sich hinter hohen Lehmmauern die Palmengärten.

Jeder wird begeistert sein von diesem Juwel in der Wüste. Landschaftsliebhaber klettern auf den Burgberg über der Oase oder durchstreifen die weiten Palmengärten. Romantiker träumen in den wirklich schönen Sonnenuntergang hinein. Endlose Ruinenfelder bieten Bildungsreisenden die Möglichkeit, stundenlang mit dem Fachbuch in der Hand über Geschichtliches zu stolpern. Freunde der Muße und des 'Araq sinnieren auf der Terrasse des Zenobia-Hotels unter rauschenden Palmen dem Abend entgegen.

Der Aufstieg Palmyras begann im 1. Jh. v. Chr. Die Haupthandelsroute, die die Hedonisten in Rom mit Spezereien aus Indien, China und Zentralasien versorgte, verlagerte sich aus dem unsicher gewordenen Norden südwärts und verlief nun quer durch die Wüste über Palmyra. Die Stadt bildete nicht nur handelspolitisch, sondern auch kulturell und außenpolitisch ein Verbindungsglied zum Reich der Parther im heutigen Iran. Im 2. Jh. wurde Palmyra der Kontrolle Roms unterworfen. Zum verringerten politischen Spielraum kam der Verlust der Kontrolle über den Unterlauf von Euphrat und Tigris an die Sassaniden, die neuen Herrscher im Iran, und wichtige Handelsströme wurden unterbrochen.

Zenobia, die Witwe eines aus Palmyra stammenden Gouverneurs, verhalf der Stadt in der Wüste mit einem ebenso dreisten wie erfolgreichen Aufstand gegen Rom im 3. Jh. noch einmal zu Bekanntheit. Bis nach Anatolien dehnte die ambitionierte Kriegsherrin ihren Machtbereich aus, bevor ihr die Truppen Aurelians den Garaus bereiteten. Nach dem 7. Jh. versank die Oase in historische Bedeutungslosigkeit.

BESICHTIGUNGEN

Baal-Tempel

Baal ist eine semitische Gottheit, die später mit Zeus gleichgesetzt wurde. Im Pantheon der Kanaaniter hatte Baal ebenfalls seinen Platz. Vermutlich steckt auch hinter dem Gott Hadād eine Version des Baal. Sein Symbol ist der Stier. Der Innenhof des Tempels hat eine Fläche von mehr als 40 000 m². Im Zentrum steht der *Sakralraum,* nördlich des Eingangs der *Opferaltar,* südlich das *Bassin für die Waschungen.* Im Sakralraum wurden auch die lokale Sonnengottheit Yarhibol und die Mondgottheit Aglibol verehrt. Beeindruckende Deckenverzierung in der südlichen Nische. *Sommer 8 bis 13 und 16–18 Uhr, Winter 8–16 Uhr*

Baal-Shamin-Tempel

Kleiner, wunderschön restaurierter Tempel direkt vor dem Hotel Zenobia. Er war dem »Herrn der Himmel« geweiht und stammt aus dem 1. Jh. Symbol des Baal-Shamin, des Beherrschers von Sonne und Mond, ist der Adler.

Grab al-Ikhwa at-Tlāte

Zahlreiche Fresken schmücken die unterirdische Grabkammer, deren Nischen Platz für 300 Tote boten. Die unterirdischen Grabkammern lösten zu Beginn des 2. Jhs. die Grabtürme ab. *Alle unterirdischen Grabkammern können nur mit einem Führer des Museums besichtigt werden.*

Grab des Dionysos

Der Name stammt von einem Fresko im Inneren des Hypogeums, das den Gott des Weins zeigt.

Grab des Heirān

Das Fresko in dieser unterirdischen Grabkammer im Tal der Gräber stammt aus dem 2. Jh.

Grabtürme

Die Nekropole von Palmyra liegt in einem Tal im Südwesten. Besonders sehenswert sind die Grabtürme von *Yamliku* (1. Jh.) und *Elabel* (2. Jh.). Die Beisetzung in solchen Türmen, in denen bis zu 200 Tote quasi in Regalen ihre letzte Ruhe fanden, war bis zum Ende des. 1 Jhs. Praxis. *Vom Museum aus gibt es zu festen Zeiten Fahrten mit Führer zu den ansonsten verschlossenen Türmen.*

Kolonnadenstraße

Die Kolonnadenstraße erstreckt sich vom Triumphbogen aus mehr als einen Kilometer weit nach Nordwesten. Hier liegen so wichtige Gebäude wie die *Diokletiansthermen,* der *Nebo-Tempel,* das *Theater,* die *Agora* und das *Tetrapylon.* Am schönsten ist ein Besuch des Ruinenfeldes im weichen Licht der frühen Morgenstunden. Zwischen 7 und 9 Uhr morgens wackeln auch noch keine Busse von Ruine zu Ruine, um den Reisenden jeden Fußmarsch zu ersparen.

Qal'at Ibn Ma'ān

Von der Festung (13. Jh.) hat man eine schöne Aussicht auf die Oase. Unvergesslich ist die Beobachtung des Sonnenaufgangs aus luftiger Höhe. *Etwa 30 Minuten Fußmarsch vom Hotel Zenobia*

Palmyra, antike Metropole inmitten der Wüste

MUSEEN

Antikenmuseum

Fundstücke aus Palmyra. Schöne Grabreliefs. *Sāhat al-Asad, tgl. 8 bis 13 und 16–18 Uhr (Sommer), 8–13 und 14–16 Uhr (Winter)*

Das Museum arrangiert auch Besuche der normalerweise verschlossenen Grabbauten der Nekropole.

Folkloremuseum

Volkskundliche Ausstellung zum Leben der Palmyrener und der Beduinen in einem Khān (Karawanserei) aus dem 19. Jh. *Beim Baal-Tempel, Öffnungszeiten wie das Antikenmuseum*

HOTELS

An-Nakhīl

Das kleine Hotel bietet 11 hübsche, saubere, Ende 1999 renovierte Zimmer zum günstigen Preis (Doppelzimmer ab 8,50 Euro) für Low-Budget-Reisende. *In einer Seitenstraße der Sh. 'Abd an-Nāsir, Tel./Fax 031/91 07 44, €*

Palmyra Cham Palace

Luxus am Rande der Oase. *250 Zi., Cham-Zentralreservierung Damaskus über Tel. 011/223 23 00, Fax 222 61 80, €€€*

Villa Palmyra

42 ordentliche Zimmer und schrullige Untergrundbar. *Sh. 'Abd an-Nāsir, Tel. 031/91 01 56, Fax 91 25 54, €€*

Zenobia

★ Das Hotel aus der Kolonialzeit bietet neben sehr guten Zimmern (Doppelzimmer ca. 80 Dollar) eine unvergleichliche Atmosphäre. Auf der Terrasse unter Palmen dienen antike Kapitelle als Tisch des guten Restaurants. *27 Zi., Reservierung unbedingt erforderlich, Tel. 031/91 01 07, Fax 91 24 07, €€*

Zenobia Desert Camp

Ab in die Wüste! Der Betreiber des Hotels Zenobia bietet in seinem Camp stilechte Wüstennächte. Gemauerte Haupthalle, 22 komfortabel ausgestattete, klimatisierte Zelte für eine Person (ab 60 Dollar), zwei (ab 80 Dollar) oder drei Personen. Die nahe Quelle mit schwefelhaltigem Wasser speist den kleinen Pool des Camps. Angeboten werden u.a. Kamelritte durch die Wüstensteppe. Transfer ab Palmyra kostenlos. *Rund 40 km von Palmyra, Tel. 031/91 01 07, Fax 91 24 07, €€*

ZIEL IN DER UMGEBUNG

Qasr al-Hair ash-Sharqī (119/D2)

Vom »Östlichen Jagdgehege« aus dem 8. Jh. sind zwei ummauerte Komplexe erhalten. Der kleinere war vermutlich Palast, Truppenlager und Karawanserei. Er hatte ein schönes Eingangsportal und zwölf Rundtürme entlang der Mauer. Der größere Komplex ist bis auf die turmbewehrte Mauer stark zerstört. Rund um die gesamte, einst bewässerte Anlage erstreckte sich eine über 15 km lange Mauer, von der noch knapp 5 km erhalten sind. Die Anlage wurde um 730 als Zufluchtsort der omayyadischen Kalifen errichtet und im 17. Jh. von den Osmanen geschleift. *115 km nordöstlich von Palmyra, die Piste ab as-Sukhne sollte nur mit Geländewagen und ortskundigem Fahrer in Angriff genommen werden.*

Spaziergänge zwischen Antike und 1001 Nacht

»Tote Städte«, ein Säulenheiliger und ein traumhafter Sūq

Endlose Olivenhaine überziehen die rostroten Böden zwischen Jabal al-Arba'īn und Jabal Bārīshā. Schon vor 2000 Jahren wurden auch ferne Märkte mit dem hier gewonnenen Olivenöl beliefert. Viel Geld floss so in die Region zwischen Aleppo, Antakya und Apameia. Das ermöglichte den Bau luxuriöser Villen und zahlloser Basiliken – aus massivem, fein behauenem Stein quasi für die Ewigkeit errichtet. Den knorrigen Olivenbäumen also verdankt der Reisende gewissermaßen eine der ganz großartigen Sehenswürdigkeiten Syriens: die so genannten »Toten Städte« oder »Vergessenen Städte«, wie die Syrer sie nennen. Die städtischen Siedlungen wohlhabender Großgrundbesitzer entstanden vor allem zwischen dem 4. und 6. Jh. Mit dem Versiegen der alten Handelsströme nach der islamischen Eroberung im 7. Jh. wurden sie von ihren Bewohnern verlassen. Nahezu unbeschadet überlebten sie jedoch die Folgezeit und ermöglichen heute, inmitten reizvoller und stiller Landschaften, eine Zeitreise zurück in die Antike.

Schon in der Antike legte der Olivenanbau den Grundstein für den Reichtum des nördlichen Syrien

Im Nordwesten markiert der 1200 m hohe Jabal Dāmir al-Kabīr die Grenze zur Türkei. Vorgelagert sind die Höhenzüge des Jabal al-Kurd mit endlosen Olivenhainen in den Tälern von 'Afrīn und Sābūn. Die weiten Ackerebenen östlich von Aleppo liefern die berühmten *Fustuq Halabī,* Aleppiner Pistazien. Syrer genießen sie mit Vorliebe erntefrisch ab Ende September.

ALEPPO (HALAB)

(**111/D-E3**) *Halab* oder *ash-Shahba* – die Graue – heißt die Stadt bei den Syrern. Mit der Rivalin Damaskus im Süden konkurriert sie um die Ehre, die älteste ständig bewohnte Stadt der Welt zu sein. Die Händler Aleppos genießen ihrerseits schon seit Jahrhunderten den Ruf außergewöhnlicher Geschäftstüchtigkeit. Über Jahrhunderte war Aleppo eine Handelsmetropole von größter Bedeutung am Schnittpunkt der großen Handelsrouten von Europa nach Zentralasien, Indien und ins Zweistromland. Der neu erbaute Suezkanal zog einen Großteil der Warenströme ab, weniger Geld kam in die Stadt. Mit nachlassender ökonomischer Betriebsamkeit scheinen Stadt und Menschen in immer stärkerem Maße Altes konserviert zu haben. Und dieses vermittelt den Reisenden heute eine authentische Vorstellung vom Leben in der Stadt vor rund 200, 300 Jahren.

Sehr viele kleine und mittlere Industriebetriebe, vor allem im Textilbereich, haben sich in der 1,5-Millionen-Stadt angesiedelt. Die Grenzen der alten Stadt, die zwischen dem Ufer des Quwaiq und dem Zitadellenberg lag, sind längst überschritten. Das graue Häusermeer wächst immer noch in alle Richtungen. Bei ungünstiger Witterung verschwindet es unter einer schmutzigen Dunstglocke aus Abgasen und Staub. Die Reichen der Stadt errichten deshalb ihre prächtigen Villen im Grünen vor den Toren der Stadt. Ein ausgeprägtes Händlergeschick wird den Aleppinern nicht zu Unrecht nachgesagt. Es gibt Familien,

MARCO POLO TIPPS FÜR NORDSYRIEN

1 Altstadthäuser im Stadtviertel al-Judaide
Das Leben der reichen Aleppiner in vergangenen Zeiten (Seite 61)

2 Bait Wakīl
Syriens stilvollstes Hotel liegt in Aleppos Altstadt (Seite 66)

3 Baron Hotel
Übernachten auf den Spuren von Lawrence of Arabia (Seite 66)

4 Ebla
Vor 5000 Jahren lag hier eine blühende Königsstadt (Seite 71)

5 Mushabbak
Auf einem Hügel liegt diese gut erhaltene christliche Kirche aus dem 5. Jh. (Seite 69)

6 Nationalmuseum Aleppo
Kultur aus fünf Jahrtausenden (Seite 64)

7 Qal'at Halab
Interessante Einblicke und Ausblicke auf der Zitadelle von Aleppo (Seite 63)

8 Qal'at Dair Sim'ān
Beeindruckende Sakralbauten, wo einst Simon auf der Säule saß (Seite 69)

9 Sūq von Aleppo
Unverfälscht, lebhaft und bezaubernd (Seite 63)

10 Tote Städte
Fast vollständig erhaltene Villen, Kirchen und Gräber aus dem 5. Jh. Unbedingt sehenswert sind al-Bāra, Sirjila und Jerāde (Seite 70–72)

die schon seit Jahrhunderten ihren Reichtum mit Handel vermehrten und alle politischen Umwälzungen überlebten.

Das Herz der Stadt war und ist der Sūq. In den überwölbten Gängen taucht der Besucher in eine völlig andere Welt ein. Während in den Sūqs anderer Länder überwiegend Souvenirläden die Hauptgassen säumen, orientieren sich die Händler im Aleppiner Sūq am Bedarf der Bevölkerung – und genau das macht den Zauber des Treibens in den engen Gassen aus.

BESICHTIGUNGEN

Al-Bīmāristān al-Arghūnī

Schon im 14. Jh. wurden in diesem Hospital Nervenkranke mit Musik therapiert. Gegenwärtig werden im schönen Innenhof täglich ab 19 Uhr volkstümliche Tänze aufgeführt. *Hayy as-Sifāhiye, Sh. Bāb al-Qinnesrīn*

Bāb al-Hadīd

Eisenschmiede gaben der Toranlage aus dem 16. Jh. ihren Namen. Noch heute haben sie hier ihre Werkstätten.

Bāb Antākiye

Das älteste Tor der Stadt bildet den westlichen Zugang zum Sūq. Im Inneren des Tores hängt an der Decke eine große Kanonenkugel. Die Legende will, dass ein gewisser Shaikh Ma'rūf sie im 7. Jh. seinen ungläubigen Feinden in einem Wurf vom anderen Ende des Sūqs aus entgegengeschleudert habe.

Bāb Qinnesrīn

Mächtiger Torbau aus dem 13. Jh. mit dem Grabmal eines Sufi-Shaikhs. Westlich vom Tor sind ein Wehrturm und die Reste der alten Stadtmauer, *Qal'at ash-Sharīf* genannt, zu sehen.

Bait ad-Dallāl

★ Malerisches Altstadthaus aus dem 17. Jh. mit großem Innenhof und schönen Fassaden. *Al-Judaide, Hayy as-Sīsī*

Bait Basīl und Deir ar-Rahbāt

★ Zwei kleinere, benachbarte Altstadthäuser aus dem 17. Jh. Heute sind in ihnen zwei Waisenheime untergebracht. *Al-Judaide, Sh. ar-Rāhib Buhaira*

Bait Ghazāle

Das Bürgerhaus aus dem 17. Jh. hatte sogar einen eigenen Hammām. Heute dient es als Schule. Es liegt, wie die anderen schönen Altstadthäuser auch, in *al-Judaide,* im »Kleinen Neuen Viertel«. Erst nach dem Überfall von Timurlenks Mongolen Anfang des 15. Jhs. war das Viertel von Christen gegründet worden. Die Mongolen hatten ihre Häuser in der Altstadt niedergebrannt.

Jāmi' al-Qīqān

In die Außenfassade dieser außergewöhnlichen Moschee ist ein Stein mit Hieroglyphen eingemauert. Auch antike Säulen mussten für den Bau herhalten. *Bāb Jinein, Hayy al-'Aqabe*

Jāmi' at-Tūt

Schöne Schriftbänder und feine Ornamentfriese zieren die kleine »Maulbeer-Moschee« aus dem 12. Jh. In der Fassade sind Reste eines römischen Torbogens verbaut. Schöner Fries mit kufischer Kalligrafie. *Östlich des Bāb Antākiye*

Gläubige in der Madrase al-Firdaus, einer Aleppiner Koranschule

Jāmi' al-Utrūsh
Die aufwändig verzierten Fassaden der Moschee verraten die mamlūkischen Bauherren. *Sh. Jāmi' al-Utrūsh*

Kanīse al-Arba'īn Shahīd
Die armenisch-orthodoxe *Kirche der vierzig Märtyrer* stammt aus dem 15. Jh. und birgt alte Ikonen. *Al-Judaide, Hayy as-Salībe*

Khān al-Wazīr
Monumentaler Torbau mit Ablaq-Fassade mit sehenswerter Bauornamentik auf der Innenseite. Karawanserei aus dem 17. Jh. *Östlich der Großen Moschee*

Madrase al-Firdaus
Hinter der abweisenden Fassade der Koranschule verbirgt sich ein sehenswerter Innenhof. Auf drei Seiten sind Arkadengänge den seitlichen Kuppelräumen vorgelagert. Auf der Nordseite öffnet sich ein Iwān zum Innenhof. Die Legende vermutet in der bescheiden gestalteten Madrase – gestützt auf eine zweifelhafte Inschrift – das Grab von Ali, dem Schwiegersohn des Propheten. *Etwa 800 m südlich des Bāb al-Maqām, im Hayy al-Firdaus*

Madrase az-Zāhiriye
Die Koranschule stammt aus dem Jahr 1215. Der Innenhof und das Muqarnas-Portal sind eine Besichtigung wert. *Hayy as-Salāhīn, Sh. Daifa Khatūn*

Omayyadenmoschee
Ein schöner Säulengang umgibt auf drei Seiten den weiten Innenhof der Großen Moschee. Der Ebenholz-Minbar (Kanzel) stammt aus dem 15. Jh., das prachtvolle Minarett (45 m Höhe) wurde im 11. Jh. errichtet. Die Moschee mit ihrem kunstvollen Boden ist auch über kleinere Zugänge von den Sūqgassen aus zugänglich. Schuhe am Eingang ausziehen! *Sh. al-Jāmi' al-Umawī*

Qal'at Halab

★ Auf einem gleichförmigen, steilen Hügel überragt die *Zitadelle* Häuser und Sūq. Sie wurde einst gut verteidigt: Die Abhänge waren bis hinunter in früher mit Wasser gefüllten Graben mit Steinen verkleidet. Angreifern wurde so der Aufstieg oder gar das Unterminieren der Mauern erschwert. Über eine auf Bögen gelagerte Brücke gelangt man zum riesigen Torbau. Hier liegt im oberen Stockwerk der prächtige mamlūkische *Thronsaal.* Außer dem Eingangstor hat kaum etwas vom Palast des Ayyubiden al-'Azīz die Zerstörungswut der Mongolen überstanden. Außerdem zu besichtigen sind die *Große Moschee, Abraham-Moschee, Zisternen* und der *Hammām.* Von den Mauern der Zitadelle haben Sie einen phantastischen Blick über die ganze Stadt. *Östlich des Sūq gelegen. Tgl. außer Di im Sommer 9–18 Uhr, im Winter 9–16 Uhr*

Suq

★ Durch die Lichtöffnungen in den alten Kuppel- und Tonnengewölben des Sūq fällt ein zauberhafter Dämmerschein. Gerüche, Farben und Gedränge sind hier intensiver als in Damaskus. Packesel, knatternde Minilastwagen und eilige Kunden kämpfen sich durch die engen Gassen. Immer wieder zweigen Nebengassen ab. Über den Köpfen wogt bei festlichen Anlässen ein Meer von Schriftbändern und Wimpeln. »Mann« sitzt auf kleinen Hockern, Kisten oder auf der Ladentheke. Eine Tasse Kaffee, eine Zigarette und die Gebetskette *(misbaha)* geben den Fingern Beschäftigung, während nach potenziellen Käufern Ausschau gehalten wird. Souvenirläden gibt es hier keine. Verkauft wird nur das, was die Aleppiner benötigen.

Hinter dem *Bāb Antākiye* beginnt der gleichnamige Sūq mit Bäckern, Metzgern und Scherenschleifern. Hier liegt die *Madrase al-Muqaddmiye* aus dem 12. Jh. Ein massives, eisenbeschlagenes Tor unter einer hohen Kuppel markiert den Beginn des *Sūq as-Saqatiye.* Hier konzentrieren sich die Metzger. In unmittelbarer Nachbarschaft liegt die osmanische *Bahramiye-Moschee.* Dem prächtigen Portal des *Khān al-Gumruk* mit eigener Moschee im Innenhof ist eine Muqarnaskuppel vorgelagert. Auf 5000 Quadratmetern fanden hier Waren Platz. Die bekannte Aleppiner Olivenölseife bekommt man im *Sūq al-'Attārīn,* dem Markt der Gewürzkrämer und Parfümhändler. Etwas weiter verkaufen Tuchhändler Seidentücher. Schönes Gewölbe überdacht den *Sūq al-*

Tarī! Tarī!

Hören Sie im Sūq diesen Ruf, kann Sie nur noch ein schneller Sprung zur Seite retten. Andernfalls wird Sie eine mit Waren beladene *kirrāje* (Schubkarre) via Achillesferse in die Horizontale befördern. Unüberhörbar sind die laut knatternden und qualmenden *tartīras,* bunt bemalte, dreirädrige »rasende Ladeflächen«.

Im Sūq von Aleppo wird verkauft, was gebraucht wird

Farrāyīn. Wo einst Kürschnerware auslag, gibt es heute bestickte Tischdecken und Seidenschals in rauen Mengen. Baumwolle und Schafwolle handelt man im *Sūq at-Tawāfin.* Beduinenkleidung im *Sūq al-'Ibī* in winzigen Läden. Nördlicher, im *Sūq al-Manādīl,* die neuesten Kreationen Aleppiner Brautmodeschneider. Modeschmuck und Kosmetika füllen die Auslagen im »Sūq der Frauen«, dem *Sūq an-Niswān.*

Stark parfümierte, goldberingte und smarte Schmuckhändler – ausgebuffte Verkaufspsychologen – bearbeiten im *Sūq as-Sāgha* angehende Ehemänner, die für den geforderten Brautschmuck umgerechnet viele tausend Euro bezahlen müssen. Doch auch nach der Eheschließung bleibt der Goldsūq ein obligatorisches Ziel vieler Ehemänner. In ihren engen Läden bekräftigen die Händler die von resoluten Frauen ihren Männern gegenüber lautstark vertretenen Wünsche nach Ringen, Armreifen und Ketten. Sie loben den außergewöhnlich guten Geschmack ihrer Kundinnen. Und der darf dann auch etwas teurer sein. Auf Taschenrechnern berechnen die Verkäufer dann in Windeseile die nach ausgiebigem Feilschen verbliebene Gewinnspanne.

Freitags ist der Sūq ausgestorben, alle Läden bleiben geschlossen. *Die Hauptgasse führt vom Bāb Antākiye zur Zitadelle.*

MUSEEN

Dār Ajiqbāsh

Sehenswerter als das Volkskundemuseum selbst ist das Gebäude, in dem es untergebracht ist. Eine reiche christliche Händlerfamilie ließ es Mitte des 18. Jhs. errichten. *Tgl. außer Di 8–14 Uhr, Al-Judaide, as-Salībe, Sh. al-Yasmīn*

Nationalmuseum

★ Beeindruckend sind die frühgeschichtlichen Exponate aus Tell Ahmar, Mārī, Ugarit, Ebla, 'Ain Dāre und Tell Halaf. *Tgl. außer Di 9–18 Uhr (Sommer), 9–16 Uhr (Winter), Sh. al-Bārūn/Sh. al-Ma'arī*

RESTAURANTS

Eine Vielzahl günstiger Kabābküchen und Hühnchenbratereien liegt im Viertel *Bustān Kul Āb, zwischen Sh. Bārūn und Sh. Bāb al-Faraj.* Liebhaber frisch gepresster Säfte werden an den Saftständen in der *Sh. Yarmūk, zwischen Baron Hotel und Uhrturm,* fündig.

Al-Karam

Hier werden syrische Spezialitäten zubereitet; es gibt eine Straßenterrasse. *Al-'Azīziye, Sh. Jabal an-Nahr, Tel. 021/221 01 10,* €€–€€€

Dār al-Yāsmīn (Yasmeen House)
Wunderschönes, sorgfältig renoviertes Altstadthaus aus dem 18. Jh. Im Innenhof und in kunstvoll gestalteten Innenräumen werden sehr gute syrische Spezialitäten serviert. Der härteste Konkurrent des Sissi House. Einmalige Gasträume im Keller 10 m unter der Erde. Stolze Getränkepreise. Es empfiehlt sich, rechtzeitig zu reservieren. *Al-Judaide, Hāret al-Kilāse (1. Eingang), Hāret al-Yāsmīn (2. Eingang), Tel. 021/ 222 44 62, €€€*

Kan Zaman
Das Restaurant »Es war einmal ...« ist in einem Altstadthaus mit Patio und Kuppelraum untergebracht, das die anderen an Schönheit weit übertrifft. Direkt neben dem bekannten Dar Yasmin bietet es eine der besten Küchen des Landes (Riesenauswahl an Vorspeisen!) in wunderschönem, authentischem Ambiente. Unbedingt reservieren! *Al-Judaide, Hāret al-Yāsmīn, Sūq as-Sūf, Tel. 021/363 02 99, €€€*

Sissi House
Das Altstadthaus bietet syrische Küche in hübschem Ambiente und eine urige Kellerbar. Recht beliebt, deshalb Tisch reservieren! *Al-Judaide, Sh. Sāmirā/Sāhat al-Hatab, Tel. 021/221 94 11, €€€*

Wanes
In der warmen Jahreszeit isst man auf der großen Terrasse mit Blick auf das bunte abendliche Treiben. Interessante Gäste, denn hier dinieren auch die Aleppiner Schickeria und all jene, die unbedingt dazu zählen wollen. Vielleicht stimmt deshalb im Anschluss an das immer sehr gute Essen die Rechnung nur ausnahmsweise. *Al-'Azīziye, Sh. Jabal an-Nahr, €€€*

EINKAUFEN

Seidentücher, Olivenölseife, alte Uhren, »Palästinensertücher«, alles finden Sie im Sūq. Schönen Silberschmuck gibt es bei *Masūghāt al-Hilāl* im *Sūq al-Harrāj.*

Eine Vielzahl Schmuck-, Wäsche- und Parfümläden säumt die Fußgängerzone von Aleppo, die *Sh. at-Tilal.* Bis unter die Decke voll gestopft mit Antiquitäten und Kuriositäten ist der auffällige Trödelladen am *Sāhat al-Hatab in al-Judaide.*

Kupferarbeiten unter ohrenbetäubendem Lärm entstehen sehen und anschließend erstehen kann man im *Sūq an-Nahhāsīn* nördlich der Zitadelle, Whisky, Araq und Wodka im *Makhzan Abū Sāmir (Bustān Kul Āb, Sh. ar-Rashīd).*

SPIEL UND SPORT

Ausgedehnte Rundgänge im Sūq seien hier einmal als sportliche Betätigung eingestuft. Erholung im Anschluss finden Sie – mit prächtigem Blick auf die Zitadelle – in den *Cafés südlich der Zitadelle,* die es schöner in Syrien nicht gibt. Sie sind der passende Ort für einen Tee und etwas Muße.

HOTELS

Al-Faisal
Unweit des Baron gelegenes Dreisternehaus. Ein Großteil der 28 Zimmer ist in Ordnung. *Sh. Yarmūk, Tel. 021/221 77 68, Fax 221 37 19, €–€€*

Iwān eines traditionellen Altstadthauses in Aleppo

Baron Hotel

★ Es gibt viele Gründe, hier zu übernachten: Die historischen Matratzen malträtierten bereits die Wirbelsäulen so prominenter Gäste wie Lawrence of Arabia und Charles de Gaulle. Die teppichförmigen Stolperfallen auf der Treppe verhalfen vermutlich schon Charles Lindbergh, Agatha Christie und Kemal Atatürk zu eindrucksvollen Freiflügen treppab bis vor die Rezeption. Armaturen aus der Zeit der Wende zum 20. Jh. versüßen das Warten auf wegen mangelnden Drucks nur spärlich und widerwillig fließendes Wasser in den oberen Stockwerken. Sauberkeit ist hier relativ. Frische Bettwäsche gibt's oft nur auf Anfrage. Und dann der unvergleichliche Service: Elegant und fingerfertig reinigt zur Frühstückszeit das Personal die Tassen (deren Zahl durch Souvenirjäger leider ständig abnimmt), Löffel und Messer mit dem Tischtuch. Doppelzimmer ab 40 Dollar. *40 Zi., Sh. Bārūn, Tel. 021/ 221 08 80, Fax 221 81 64,* €€

Bait Wakīl

★ Die schönste Art, Aleppo und seine Altstadt zu erleben! Der drei traditionelle Altstadthäuser aus dem 16. Jh. umfassende Komplex, eine Oase der Ruhe mit wunderbarem Innenhof, bietet ein unvergleichliches Ambiente – und nur 17 Zimmer (Doppelzimmer ab 100 Dollar). Reservieren Sie unbedingt frühzeitig! *Al-Judaide, Zuqāq as-Sīsī, Tel. 021/ 221 71 69, Fax 224 70 82, www.beitwakil.com,* €€€

Das Aleppiner Haus

Es verbirgt sich wie eine kleine Festung hinter abweisenden und unansehnlichen Außenmauern. Die Fassaden zum Innenhof hin sind dagegen sauber gearbeitet und reich verziert. Ornamentbänder, Friese, kunstvoll gearbeitete Fensterstürze und Regenspeier, filigrane Oberlichter und schön gemusterte Marmorböden zeugen von einer außerordentlichen Liebe zum Detail. Zum Innenhof mit Marmorbrunnen und viel Grün öffnet sich ein Iwān mit geschnitzter Kassettendecke. Die im Schatten liegenden Empfangs- und Wohnräume des Erdgeschosses werden im Sommer bewohnt, die sonnenbeschienenen Räume des Obergeschosses im Winter.

Chahba Cham Palace

Auch dieser »Palast« gehört zu den »Leading Hotels of the World«. Alles vom Feinsten: Spitzenservice, luxuriöse Zimmer und großer Swimmingpool (Auswärtige zahlen 5 Euro). Vom Restaurant *La Citadelle* mit sehr guter Küche haben Sie eine tolle Aussicht auf die Stadt. *250 Zi., Halab al-Jadide, Cham-Zentralreservierung Damaskus über Tel. 011/ 223 23 00, Fax 222 61 80, €€€*

Dar Zamaria (Martini)

Prächtiges Herrenhaus aus dem 17. Jh., modern ausgestattet – und mit wunderschöner Aussicht von der Restaurantterrasse. Das Hotel bietet nur 13 Doppelzimmer (ab 100 Dollar), deshalb sollten Sie rechtzeitig reservieren! *Al-Judaide, Zuqāq as-Sīsī, Tel. 021/ 363 61 00, Fax 363 23 33, €€€*

Hanādī

Absolut empfehlenswert. Gemütliche, sehr saubere Zimmer mit komfortabler Ausstattung (TV, Telefon, Aircondition) zu sensationell günstigem Preis (Doppelzimmer ab 25 Dollar). Bei solchem Angebot ist Reservierung nötig. *12 Zi., Bāb al-Faraj, Jānib al-Maktabe al-Wataniye, Tel. 021/ 223 81 13, €*

Pullman Al Shahba

Günstige Alternative zum teureren Chahba Cham und zum lauten Amir Palace. First-Class-Haus mit 100 gut ausgestatten Zimmern (Safe, Aircondition, Satelliten-TV, Direktwahltelefon) außerhalb des Zentrums. Doppelzimmer ab 85 Dollar. Rabatt bei Onlinebuchung. Kostenloser Airport-Shuttle. Europcar-Büro im Haus. *University Road, Tel. 021/266 72 00, Fax 266 72 13, pullman@net.sy, €€*

Siyāha

16 gepflegte und saubere Zimmer zu einem günstigen Preis. Wollen Sie in Madame Olgas Reich nächtigen, müssen Sie reservieren! *Bustān Kul Āb, Tel. 021/221 65 83, €*

SPIEL UND SPORT

Für körperliches Wohlbefinden sorgt ein Besuch des aus dem 14. Jh. stammenden *Hammām Yalbougha (Sh. Haul al-Qal'a, südöstlich der Zitadelle, tgl. von 9–2 Uhr nachts, Frauenbadezeiten Do, Sa und Mo 9–18 Uhr, Vollprogramm 8 Euro)*. Er wurde originalgetreu und ohne den Einsatz der andernorts so beliebten Badezimmerfliesen restauriert.

Mitten im *Sūq al-Mihmās*, neben dem *Khān an-Nahhāsīn*, bietet ein weiteres Bad nur (!) Männern seine Dienste an, der volkstümliche *Hammām an-Nahhāsīn* (»Hammām der Kupferschmiede«).

AM ABEND

Leider schon um 23 Uhr muss man die schweren, alten Ledersessel in der Bar des Baron-Hotels verlassen; das liegt an der Sperrstunde. In den frühen Abendstunden erfreut sich das *Café Sage (Sh. Sa'd Allāh al-Jābirī)* regen Zuspruchs. iMac statt Big Mac ist das Motto im angesagten Internetcafé *Mac Café* am Nordtor des Stadtparks. Viel Leben herrscht rund um den Platz entlang der *Sh. Jabal an-Nahr*, die Kinos liegen entlang der *Sh. Bārūn* und der *Sh. al-Quwatlī*.

Die Mīdānkī-Wasserfälle sind ein beliebtes Ausflugsziel der Aleppiner

AUSKUNFT

Fluggesellschaften
Fast alle Gesellschaften haben ihre Büros in der *Sh. Bārūn.*

Hijra wa Jawāzāt
Die *Passbehörde* liegt in der *Sh. al-Kawākibī, nördlich der Zitadelle.*

Staatliche Busgesellschaft Karnak
Sh. Bārūn gegenüber Hotel Bārūn

Tourist Office
Vermittelt Fahrer zu den Toten Städten, nach Qal'at Dair Sim'ān und in den Jabal Barīshā sowie Führungen zu den Altstadthäusern. *Kreuzung Sh. Bārūn/Sh. al-Ma'arī, gegenüber dem Nationalmuseum, tgl. außer Fr 9–14 Uhr*

ZIELE IN DER UMGEBUNG

'Ain Dāre (111/D2)
Aus dunklem Basalt wurde der *Ishtar-Tempel* im 10. Jh. v. Chr. auf einem Hügel über dem Tal des 'Afrīn errichtet. Löwenskulpturen, Symbol der mesopotamischen Göttin der Fruchtbarkeit, flankieren den Zugang. Auf den Treppenstufen sind monumentale Fußabdrücke abgebildet. Fundstücke im Minimuseum am Fuße des Tells. *70 km nordwestlich, Anfahrt über 'Afrīn oder Dair Sim'ān*

An-Nabī Hūrī und Cyrrhus (110/C3)
Zwei alte römische Brücken über den 'Afrīn und den Sābūn überquert die schmale Straße, die sich durch im Frühjahr blütenübersäte Olivenhaine schlängelt. Erosion hat an den weißen Kalkhängen malerische Formen hinterlassen. In Cyrrhus ist von den verstreuten Ruinen nur das *Theater* sehenswert, einst größer als das von Boṣrā. Nur noch die Hälfte der ursprünglich 25 Sitzreihen ist erhalten, das Bühnenhaus wurde völlig zerstört. Im westlich gelegenen *römischen Grabturm* aus dem 2. Jh. v. Chr. wird heute der »Prophet Hūrī«, eine Legendenfigur des Volksglaubens, verehrt. Die Wasserfälle *Shallālāt Mīdānkī* sind ein beliebtes Wochenend-

ausflugsziel. Gute syrische und kurdische Gerichte serviert das Restaurant *Riyād (€€) in Kafr Janne. Rundfahrt von Aleppo aus ca. 130 km*

Karāma **(110/C2)**
Durch den Ort führt eine perfekt erhaltene Römerstraße. *7 km vor Bāb al-Hauwa*

Mushabbak **(111/D3)**
★ Sehr gut erhaltene und schöne Basilika aus dem 5. Jh. inmitten eines kleinen Ruinenfelds. Der dreischiffige Bau beeindruckt durch reich verzierte Kapitelle. *28 km von Aleppo in Richtung Deiret 'Azze*

Orontes und Jabal Bārīshā **(110–111/ C–D3–4, B–C4–5)**
Von Sarmāda aus, *etwa 50 km westlich von Aleppo,* führt die Straße in engen Kurven hinauf auf den von Felsen übersäten *Jabal Bārīshā.* Genießen Sie hier die Aussicht über die Ebene von Reyhanli und den Amik-See in der Türkei. Zum Greifen nahe erscheinen die türkischen Siedlungen in der Tiefe. In *Hārim,* einem freundlichen, kleinen Städtchen mit hellblau gestrichenen Häusern am Westrand des Massivs, sind Reste einer Zitadelle zu sehen. Über *Salqīn* geht es vorbei an Granatapfel- und Aprikosenplantagen nach *Darkūsh.* Hier schlängelt sich der Orontes durch ein tief aus dem Fels geschnittenes Tal. Über *Jisr ash-Shughūr* und *Arīhā* gelangt man zurück nach Aleppo. *Gesamtstrecke 250 km*

Qal'at Dair Sim'ān **(111/D3)**
★ Den Mittelpunkt des Pilgerzentrums auf einem Bergrücken bilden vier *Basiliken.* Sie umgeben in Kreuzform einen achteckigen, früher überkuppelten Zentralbau. Er wurde über jener heute nur noch als Stummel

In Qal'at Dair Sim'ān übte sich Simon der Säulensteher in Askese

erhaltenen Säule errichtet, auf der der »Säulenheilige« Simon vier Jahrzehnte ausgeharrt haben soll. Nach seinem Beispiel versuchten sich in den folgenden Jahrhunderten Asketen im ganzen Byzantinischen Reich als »Säulensteher«. Die Außenfassade zieren durchgehende Ornamentbänder, an der Portalfront schöne Akanthuskapitelle. Der gesamte Komplex beeindruckt durch seine sorgfältige und kunstfertige Bauornamentik. Vom *Baptisterium* aus führt der alte Pilgerpfad durch den Triumphbogen hinunter in das Dorf *Dair Sim'ān* mit Grabkapelle, Klöstern und Pilgerherbergen. *Tgl. 9–18 Uhr, 60 km nordwestlich von Aleppo*

Qalb Lūza **(110/C3)**
Die Wallfahrtsbasilika wurde Mitte des 5. Jhs. auf dem *Jabal Bārīshā* errichtet. Eine Besonderheit sind die weiten Arkaden im dreischiffigen Innenraum. Der Ort selbst ist eine drusische Enklave. In der Nähe des Orts liegen die *Villenruinen von Quirqbize,* die auf das 3. Jh. zurückgehen. *60 km westlich von Aleppo. Anfahrt über Auram as-Sughrā, Killī und Qūrqāniye*

»Tote Städte« **(110-111/C-D5)**
★ Mit dem eigenem Pkw oder einem Mietwagen ist der Besuch der »Toten Städte« von Aleppo aus kein Problem. Wenn Sie dagegen auf öffentliche Verkehrsmittel angewiesen sind, sollten Sie Ihren Besuch besser von Idlib oder Arīhā aus unternehmen.

IDLIB/ARĪHĀ

(110/C4-5) Die kleine Provinzstadt *Idlib,* 60 km südlich von Aleppo inmitten fruchtbarer Äcker und ausgedehnter Olivenhaine gelegen, ist keine Stadt, die zu einem längeren Aufenthalt einlädt. Kleiner und wesentlich schöner als Idlib ist *Arīhā,* das bedeutet »die Wohlriechende«. Der Ort 15 km südlich von Idlib am Nordrand des *Jabal al-Arba'īn* ist gut als Ausgangspunkt für Besichtigungen der Toten Städte geeignet. Beeindruckend ist die Aussicht auf ein Meer von Olivenbäumen, deren silbriges Grün mit dem rostroten Boden reizvoll kontrastiert.

MUSEUM

Mathaf Idlib
Das 1990 eröffnete Museum von Idlib zeigt eine sehenswerte Sammlung mit Funden aus Ebla. *Tgl. außer Di 9–18 Uhr (Sommer), 9–16 Uhr (Winter), Idlib, Sāhat ath-Thaura*

RESTAURANT

Mat'am al-Anwār
Sehr einfaches Lokal mit bodenständigen Kabābgerichten. Im Juli und August gibt's *Lahme bi Karaz,* Fleisch in Kirschsoße. *Arīhā., gegenüber dem Hotel Abū Artīn, €*

HOTELS

Abū Artīn
Von einer freundlichen Armenierfamilie geführtes kleines, einfaches Hotel mit Gartenrestaurant über dem Ort. *18 Zi., Arīhā, Tarīq Ma'aret an-Nu'mān, Nov. bis März geschl., Tel. 023/71 02 12, €*

Grand Hotel Idlib
Das einzige große Hotel in Idlib. Miese Zimmer, mieses Lokal. *12 Zi., Idlib, Sāhat Ibrāhīm Hanānū, Tel. 023/22 37 07, €€*

ZIELE IN DER UMGEBUNG

Al-Bāra (110/C5)
★ Inmitten großer Olivenhaine liegen weit verteilt die Ruinen der »Toten Stadt«. Zu sehen sind neben unzähligen *Wohnhäusern* zwei gut erhaltene *Pyramidengräber.* Das südliche Grab hat schöne, mit Akanthusblättern verzierte Ornamentbänder und riesige Sarkophage im Inneren. Die große *Basilika* im Norden diente zur Zeit der Kreuzzüge als Festung der Muslime. Al-Bāra hatte seine Blütezeit im 5. und 6. Jh. Es lebte, vom Wasserreichtum begünstigt, vom Oliven- und Weinanbau und vom Handel zwischen Antākiye (Antakya) und Apameia. *18 km südlich von Arīhā, Anfahrt über Ihsim. Etwas weiter in Richtung Kafr Nabul liegen zwei weitere Tote Städte: Majlāya und Bitersa.*

Ar-Ruwaiha (110/C5)
Zu sehen sind in der teilweise bewohnten Toten Stadt die Reste

Pyramidengrab in Al-Bāra

einer *Basilika,* ein *Kuppelgrab* sowie die riesige *Nekropole.* Hier liegen ein Grabtempel und zahlreiche unterirdische Grabkammern mit Freitreppen, Ornamenten und Inschriften. *16 km nördlich von Ma'aret an-Nu'mān*

Ebla (Tell Mardīkh) (111/D5)
★ Im dritten Jahrtausend v. Chr. gründeten die westsemitischen Amoriter in handelsstrategisch günstiger Lage diesen Stadtstaat. Die fruchtbaren Böden sorgten für die wirtschaftliche Grundlage. Aus hier gefundenen Tontafeln geht hervor, dass die diplomatischen und die Handelsbeziehungen bis nach Anatolien, Mārī und Mesopotamien reichten. Der Untergang kam mit der Eroberung durch die Truppen des akkadischen Großreiches um 2300 v. Chr. Den Todesstoß nach dem Wiederaufbau versetzten 1600 v. Chr. die Hethiter der Stadt.

Der hohe Erdwall rund um das 500 000 m^2 große Stadtareal ist der Rest der einst 30 m hohen alten Stadtmauer. Von den vier Toranlagen blieb die südliche erhalten. Rund um die Akropolis mit aus Lehm errichtetem Königspalast, Archiv und Tempeln gruppierten sich die Häuser von 30 000 Einwohnern. Im kleinen *Museum an der Zufahrtsstraße* können Sie sich anhand von Schautafeln über die Grabungen und die Stadtanlage informieren. *25 km südöstlich von Idlib*

Jerāde (110/C5)
★ Teilweise bewohnte Tote Stadt. Sehenswert sind zwei Türme und die Reste von bis zu dreigeschossigen Villen. *19 km nördlich von Ma'aret an-Nu'mān, über ar-Ruwaiha*

Ma'aret an-Nu'mān (110/C5)
Kleine Stadt inmitten fruchtbaren Ackerlandes an der Autobahn Damaskus–Aleppo. Hier begingen die Kreuzritter im Jahr 1099 ein blutiges Massaker, das 20 000 Muslime das Leben kostete.

Im Museum im *Khān Murād Bāshā (tgl. außer Di 8–14 Uhr, am Sāhat Abū al-'Alā)*, leuchten in kräftigen Farben die schönen, aus den Toten Städten geborgenen Mosaiken. Unter den Funden aus den Tells der Umgebung: Tonfiguren aus dem 3. Jahrtausend v. Chr. *20 km südlich von Arīhā, am Rande des Jabal al-Arba'īn*

Maghāra (110/C5)
In der Nähe des Ortes liegen eine Höhle mit aus dem Fels geschlagener Kassettendecke sowie ein reich verziertes unterirdisches Grabmal mit Statue und Resten eines Freskos. Ein Netz von Höhlen und Röhren erstreckt sich unter Bäumen. *17 km von Arīhā, 6 km nordöstlich von Ihsim*

Shinshāra (110/C5)
Mehrere gut erhaltene Villen in schöner und ruhiger Umgebung. *5 km nördlich von Kafr Nabul, ca. 22 km südlich von Arīhā*

Sirjīla (110/C5)
★ Ein absoluter Höhepunkt in Nordsyrien: eine komplette Stadt aus dem 5. Jh. Ein *Badehaus*, das benachbarte *Männerhaus*, eine große *Zisterne* mit Stützsäulen, prächtige *Wohnhäuser*, riesige *Villen* mit Kolonnadenfassaden und eine Kapelle sind Zeugen einer großen Vergangenheit. Sarkophage überziehen die Nekropole. Einen Kilometer entfernt liegt das *Pyramidengrab von Ba'ūda. 20 km östlich von Arīhā, 3 km von al-Bāra*

RAQQA

(113/D4) Die Provinzhauptstadt (38 000 Ew.) liegt am nördlichen Euphratufer, ungefähr 40 km vom Asad-Stausee entfernt. Nach ihrer Rolle als Residenz des Kalifen Harūn ar-Rashīd im 8. Jh. fristete sie ein bedeutungsloses Dasein, und noch heute ist das Leben hier ländlich geprägt.

BESICHTIGUNGEN

Al-Jāmi' al-Qadīm
Von der Großen Moschee aus dem 8. Jh. sind nur die wuchtige Außenmauer, das Minarett und eine Arkadenreihe des Gebetssaals erhalten. *Mitten in der Altstadt, in der Sh. Saif ad-Daule*

As-Sūr
Die Stadtmauer aus Lehm ist auf weiten Strecken noch intakt beziehungsweise rekonstruiert.

Bāb Baghdād
Am südöstlichen Tor der Stadtmauer wurden die Karawanen nach Baghdād zusammengestellt. *Corniche as-Sūr/Sh. 'Abd al-Malik*

Qasr al-Banāt
Vier Iwāne sind um den Innenhof des Palastes angeordnet. Wie die Große Moschee, die Stadtmauer und das Baghdad-Tor ist er in mesopotamischer Lehmziegelbauweise errichtet. *Unweit der Stadtmauer, südlich der Sh. 23 Shubāt*

MUSEUM

Mathaf ar-Raqqa
Fundstücke aus Raqqa und der weiteren Umgebung. *Tgl. außer Di 9–18 Uhr (Sommer), 9–16 Uhr (Winter), Sh. al-Quwatlī*

RESTAURANTS

Karnak
Akzeptables Hotelrestaurant mit Standardangebot und großer Terrasse. Hier feiern die Honoratioren der Stadt. €€

Maqsaf ar-Rashīd
Hier bekommen Sie Fleischgerichte und etwas Gemüse. *Sh. as-Sijn,* €

HOTELS

Al-Karnak as-Siyāhī
Heruntergewohnte Zimmer, zu hohe Preise (Doppelzimmer 50 Dollar) und verschlafenes Personal. *47 Zi., Sh. al-Mashfā al-Watanī, Tel. 022/23 22 65,* €€

As-Siyāha
Dreckige Zimmer, ein Hotel am Rande des Zerfalls, frische Bettwäsche nur auf Verlangen. *15 Zi. Sh. al-Quwatlī, Tel. 022/22 07 25,* €

ZIELE IN DER UMGEBUNG

Ar-Rasāfa **(112/C5)**
Hauptattraktion der byzantinischen Wehrsiedlung inmitten der Steppe sind die monumentalen Zisternen. Gut erhalten ist auch die Stadtmauer. Ar-Rasāfa war im 5. Jh. ein im ganzen Mittelmeerraum bekannter christlicher Wallfahrtsort. Eine eindrucksvolle Basilika sowie Reste einer zweiten zeugen davon. *50 km südlich von ar-Raqqa*

Qal'at Ja'bar **(112/B4)**
Aus Lehmziegeln errichtete Festung auf einer Halbinsel im Stausee. Toraufgang, Mauern und das reichlich Schlagseite zeigende Minarett stammen aus dem 12. Jh. *60 km westlich*

Über dem Asad-Stausee thront die lehmgelbe Qal'at Ja'bar

Schwarzer Basalt und bunte Mosaiken

Bosrā – so ein Theater!

Schwarze Basaltblöcke begraben den fruchtbaren, dunkelroten Boden im südwestlichen Syrien unter sich. Im Frühjahr, wenn reichlich Niederschläge und Schmelzwasser aus dem Antilibanon den schweren Boden tränken, legt sich ein zartgrüner, blühender Teppich über die Landschaft, während im Nordwesten der 2814 m hohe Jabal ash-Shaikh (Berg Hermon) schneebedeckt in den tiefblauen Himmel ragt. Südlich davon liegen die Golanhöhen mit der im Jahr 1974 von den Israelis bis auf die Grundmauern zerstörten Stadt Qunaitra. Von hier bis zum Jabal al-Arab im Osten (früher Jabal ad-Durūz) erstrecken sich die Ebenen des Haurān. Am Westrand des Bergmassivs liegen zahlreiche antike Stätten, östlich bildet ein Meer von Basalttrümmern den Übergang zur Syrischen Wüste. Diese Steinwüste zieht sich bis nach Jordanien, mit dem Syrien eine 350 km lange gemeinsame Grenze hat.

Das Theater von Bosrā. Ein schützender äußerer Mauerring rettete das prachtvolle Gebäude durch die Jahrhunderte

AS-SUWAIDĀ

(**121/D5**) Der schwarze Basalt gab der »Kleinen Schwarzen« Stadt am Jabal al-Arab den Namen. Auf den vulkanischen Böden wächst der Wein, aus dem der beste *'Araq* Syriens gebrannt wird. Prächtige Villen und Anwesen umgeben die Stadt. Auffallend ist das lockere und bunte Leben in as-Suwaidā. Graue Gabardinemäntel und Schleier sind hier Ladenhüter, streng islamische Garderobe bleibt die Ausnahme.

MUSEUM

Mathaf as-Suwaidā
Statuen, Säulen und sehr schöne Mosaiken aus den antiken Stätten der Umgebung. Die Exponate sind gut erläutert. *Tgl. außer Di 9–18 Uhr (Sommer), 9–16 Uhr (Winter)Sh. an-Nahda*

RESTAURANTS

Al-Borj
✝ In dieser Snackbar gibt es den neuesten Tratsch bei Kaffee, Bier und Sandwich. Schöner Blick auf den grünen Platz. *Sāhat Sultān al-Atrash, as-Sarāyā*

Al-Wasīm
1995 eröffnetes Lokal mit syrobarocker Ausstattung im Zentrum. Die beste syrische Küche der Stadt und eigenwillige westliche Gerichte. *Shimāl as-Sanawiye al-Fatat, kein Tel., €€*

HOTEL

As-Siyāhī
Vernachlässigtes Hotel mit 34 Zimmern der einfachen Art. *Oberhalb des Sāhat Sultān al-Atrash, Tel. 016/22 10 13, €*

ZIELE IN DER UMGEBUNG

Jabal al-'Arab (Jabal ad-Durūz) **(121/D-E5)**
Bis zu 1800 m hoher, vulkanischer Gebirgsblock im Südosten Syriens. Sorgsam gepflegte Weingärten, Apfel- und Kirschplantagen, in den Höhenlagen von schwarzen Basaltblöcken übersäte Weiden. Landschaftlich reizvoll ist die Fahrt von *as-Suwaidā* über *Sāle, Būsān, Shbīkī* nach *al-Mushannaf* und zurück über *Shaqqā*. Aus dem früheren *Jabal ar-Rayyān*, den »Grünen Bergen«, wurde nach der Einwanderung libanesischer Drusen im 19. Jh. das »Drusengebirge« *(Jabal ad-Durūz)* und – mit panarabischem Zungenschlag – der heutige *Jabal al-'Arab*, der »Berg der Araber«.

Qanawāt **(121/D5)**
Kleiner Ort 5 km nordöstlich von as-Suwaidā. Sehenswert ist *as-Sarāy* (das »Serail«), ein Komplex von Kirchen und Tempeln (3.–5. Jh.) aus schwarzem Basalt. Im Süden von Qanawāt liegt der *Ma'bad ash-Shams*, sieben Säulen blieben vom Heliostempel übrig. Im *Wādī al-Ghār* ist ein kleines *Theater* mit 9 Sitzreihen erhalten.

Shahbā **(121/D4)**
★ Hier wurde *Philippus Arabs*, römischer Kaiser von 244 bis 249, geboren. Überragt wird der Ort von einem pechschwarzen Vulkankegel. Westlich gekleidete Frauen, keine Schleier, dafür Männer mit riesigen Schnurrbärten – Shahbā ist fast nur von Drusen bewohnt. Einen Besuch wert ist das *Mosaikenmuseum (tgl. außer Di 8–14 Uhr, al-Mathaf)*. Es wurde über der Fundstelle von fein gearbeiteten Mosaiken in den Ruinen eines antiken Wohnhauses errichtet.

Die *Thermen* in der Nachbarschaft waren groß und aufwändig gebaut. Gut erhalten ist das kleine *Theater*. Eine römische Pflasterstraße führt zum *Monu-*

MARCO POLO TIPPS FÜR SÜDSYRIEN

1 **Bosrā**
Bestens erhaltenes Römertheater (Seite 77)

2 **Shahbā**
Geburtsort des Philippus Arabs (Seite 76)

3 **Shallālāt Zaizūn**
Vor allem im Frühjahr, wenn die Flüsse viel Wasser führen, ist der Wasserfall über dem Tal des Yarmūk ein lohnendes Ziel (Seite 79)

Wohnraumgestaltung der Antike: im Mosaikenmuseum von Shahbā

ment des Philippus Arabs. Am Forum steht der schöne *Tempel des Julius Marinus. Shahbā liegt 17 km nordöstlich von as-Suwaidā.*

Shaqqā **(121/E4)**
Al-Qaisariye nennen die Einwohner den antiken Gouverneurspalast mit schönem Portal. Andere antike Gebäude sind bewohnt. *24 km nördlich von as-Suwaidā*

BOSRĀ

(121/D6) Inmitten der schwarzen Basaltlandschaft des südlichen Haurān liegen die ★ Ruinen von Bosrā. Die Stadt war wichtiges Handelszentrum und 200 Jahre lang unter der Kontrolle der Nabatäer. Von 70 bis 106 n. Chr. diente Bosrā gar als Hauptstadt des nabatäischen Reiches, als Nachfolgerin der altberühmten Felsenstadt Petra im heutigen Jordanien. Unter Trajan wurde sie in die römische Provinz *Arabia* eingegliedert. Im 3. Jh. war Bosrā eine wichtige Bischofsstadt. Von hier aus missionierte man von Süden nach Syrien vordringende Araber. Im Jahr 632 fiel Bosrā als erste byzantinische Stadt in die Hände der aus der Arabischen Halbinsel nach Syrien vorrückenden muslimischen Eroberer.

BESICHTIGUNGEN

Kanīse Bahīrā
Die Basilika trägt den Namen jenes Nestorianermönches, der an Mohammed – damals noch Handelsreisender im Auftrag seiner Frau – das »Zeichen des Propheten« erkannt haben soll.

Kolonnadenstraße
Diese Kolonnadenstraße hält einem Vergleich mit Apameia oder Palmyra nicht stand.

Masjid al-'Umarī
Antike Säulen spielen in der Moschee aus dem 8. Jh. eine »tragende Rolle«.

Nabatäer-Tor
Mächtige Toranlage im Osten des Ruinenfeldes.

Theater
Geschützt durch die Festungsmauern ayyubidischer Militärs und innen mit Erdreich aufgeschüttet, schlief das Theater bis Ende der 1940er-Jahre einen Dornröschenschlaf. Der Zuschauerraum war bis zum Rand zugeschüttet und überbaut. Deshalb präsentiert sich das Theater heute von innen und außen in einem unglaublich guten Zustand – als hätten die römischen Steinmetzen gerade erst ihr Werkzeug weggepackt. 37 noch intakte Sitzreihen boten 15 000 Zuschauern unter Schatten spendenden Stoffbahnen Platz. Das früher mit Holz überdachte Bühnengebäude ist in seiner ganzen Höhe erhalten. *Tgl. 8–20 Uhr (Sommer), 8–18 Uhr (Winter). Im Südwestturm ist ein Volkskundemuseum untergebracht.*

Thermen
Badeanlage mit achteckigem Zentralraum aus dem 2. Jh.

RESTAURANT

Neben dem Hotelrestaurant des Bosra Cham Palace und Imbissstuben bleibt nur das *Mat'am al-Qal'a im Nordturm des Theaters (Öffnungszeiten beachten, €–€€).*

HOTEL

Bosra Cham Palace
Nur einen Katzensprung vom Theater entferntes Luxushotel mit Pool und gutem Restaurant. *70 Zi., Cham-Zentralreservierung Damaskus über Tel. 011/223 23 00, Fax 222 61 80, €€€*

DAR'Ā

(**120/C5**) Die Stadt im Südwesten des Haurān, 100 km südlich von Damaskus, besitzt weder viele Sehenswürdigkeiten noch ein hübsches Stadtbild. Vom *Amphitheater* in der *Sh. al-Wahda* sind nur die Zugänge zur Orchestra gut erhalten, daneben Reste von Thermen und Grabhöhlen. Die *Masjid al-'Umarī* aus dem 13. Jh. liegt genau gegenüber. In den Innenhofarkaden mit einer wuchtigen Basaltquaderdecke und im Gebetsaal wurden viele Säulen und Kapitelle aus der Antike verbaut. Dar'ā bietet sich als Ausgangspunkt für Ausflüge in die vor allem im Frühjahr landschaftlich reizvolle Umgebung an, wenn alles grünt und blüht und die Wasserfälle recht stark sind.

RESTAURANTS

Einfache Lokale mit traditioneller »Speisekarte« gibt es in der *Sh. Hanānū.* Gut ist das *Mat'am al-Aqsā.* Die *Istirāha ar-Rasīf* hat einen kleinen Garten an der *Ecke Sh. Hanānū/Tarīq Dimashq. Alle €*

HOTEL

Ash-Sharq
Das 1995 eröffnete Hotel lädt ein in sieben große, saubere »Suiten« mit vier und mehr Betten. Gutes Lokal. *Sh. Hanānū, Muqābil al-Masraf at-Tijārī, Tel. 015/24 09 71, Fax 23 83 04, €€*

ZIELE IN DER UMGEBUNG

As-Sanamain (**120/C4**)
Den von außen unscheinbaren *römischen Tempel (Ma'bad Rūmānī)* schmückt innen eine verzierte

Rückwand mit muschelförmiger Apsis. Der Tempel liegt an der Rückseite einer Moschee und ist nicht begehbar. Der Besucher muss sich mit einem Blick durch die Gitterstäbe begnügen. *55 km nördlich von Dar'ā*

Buhairet Mzairīb **(120/B5)**
An dem winzigen See in Dorfteichgröße – einem beliebten Ausflugsziel – hat sich neben einem Tret- und Ruderbootverleih das Restaurant *Maqsaf Buhairet, Mzairīb (€€)* etabliert. Auf der schattigen Terrasse am Ufer werden traditionelle Gerichte gereicht. *15 km nordwestlich von Dar'ā*

Izra' **(120/C4)**
Die dem heiligen Georg geweihte Kirche *Kanīse al-Qadīs* aus dem 5. Jh. gilt als das am besten erhaltene christliche Bauwerk Südsyriens. Achteckiger Innenraum mit Basaltquaderdecke, kuriosem Kustoden und dickem Gästebuch. *35 km nördlich von Dar'ā*

Shallālāt Tell Shahāb **(120/B5)**
Lediglich im wasserreichen Frühjahr »stürzt«, die restliche Zeit plätschert der Wasserfall hinunter ins Wādī Khālid. Im Tal stehen die Ruinen römischer Mühlen. Weiter nördlich erhebt sich der Ruinenhügel von Shahāb. *17 km nordwestlich von Dar'ā*

Shallālāt Zaizūn **(120/B5)**
★ Über eine Felskante ergießt sich der Wasserfall in das Tal des Flusses Yarmūk. Es bietet sich eine einmalige Aussicht inmitten ländlicher Umgebung. *22 km nordwestlich von Dar'ā*

Shallālāt Zaizūn, ein vor allem im Frühjahr aktiver Wasserfall

Kreuzritterburgen und grüne Täler

Mittelalterliches am Mittelmeer

Sāhil nennen die Syrer ihre 180 km lange Küste, die sich von Ras al-Basīt im Norden bis nach al-Kharābe im Süden erstreckt. Drei Hafen- und Industriestädte, al-Lādiqiye, Banyās und Tartūs, bilden die Zentren der landwirtschaftlich intensiv genutzten Küstenregion. Badestrände finden sich vor allem im nördlichen Teil des Sāhil, zwischen Ras Shamrā (Ugarit) und Ras al-Basīt. Hinter dem schmalen Küstenstreifen ragen die Höhenzüge des bis zu 1500 m hohen Küstengebirges (Jibāl Sāhiliye) empor. Laut einer Studie des World Wide Fund für Nature zählen die Strände Syriens jedoch zu den »fast total zerstörten« Küstenabschnitten des Mittelmeers.

Fast ein Dutzend Festungsanlagen haben hier lokale Machthaber vor allem im 11. Jh. errichtet. Einige von ihnen wurden später von den Kreuzrittern erobert und ausgebaut. Alle fielen im 12. und 13. Jh. wieder an die Muslime zurück. Beeindruckend gut erhalten sind die mittelalterlichen Burganlagen Crac des Chevaliers, Qal'at Salāh ad-Dīn und Qal'at al-Marqab. Lange Zeit war das Küstengebirge ein extrem unterentwickelter Landstrich. Auf kleinen Terrassenfeldern schufteten verschuldete Bauern und Landarbeiter für Großgrundbesitzer und die Geldverleiher in den Städten. Erst die Landreformpolitik der Ba'th-Partei setzte dem in den Sechzigerjahren ein Ende.

Wādī al-'Uyūn, das »Tal der Quellen« im südlichen Küstengebirge

AL-LĀDIQIYE

(110/A6) Nördlich der größten Hafenstadt Syriens erstreckt sich eine fruchtbare Ebene bis zu den ersten Ausläufern des waldreichen, bis zu 1700 m hohen Jabal al-Aqra'. Seleukos I. gründete und benannte die Stadt nach seiner Mutter Laodicea. Al-Lādiqiye ist eine moderne, lebendige Großstadt mit breiten Straßen und ausgedehnten Neubauvierteln. Die Suche nach Spuren aus der Geschichte endet bereits an den Säulenresten des römischen *Tetrapylon in der Sh. Port Sa'īd.*

Seit der Hafenerweiterung fällt beim Bummel entlang der *Corniche* der Blick nicht mehr auf das

Blau des Wassers, sondern auf Betonflächen, Container und Importautos. Mediterranes Idyll – Cafés an der Hafenfront, beschaulich im Hafenbecken dümpelnde Boote oder gar Netze flickende Fischer – sucht man in der expandierenden Hafenstadt vergebens.

MUSEUM

Khān ad-Dukhān

Funde aus Ugarit, Ras bin Hanī sowie Bilder und Skulpturen zeitgenössischer Künstler in einer Karawanserei (18. Jh). *Tgl. außer Di 9–14 Uhr, Corniche al-Bahr*

RESTAURANTS

Einfache Lokale finden Sie rund um *Sāhat Shaikh Dāhir* und an der *Corniche.*

Italian Corner

Die Pizzeria erfreut sich bei der Jugend großer Beliebtheit und ist abends oft überfüllt. *Hayy al-Amīrkān, Sh. al-Mutanabbī,* €€

Petra

Gute europäische Gerichte und syrische Spezialitäten. Sehr freundliches Personal. *Sh. 8. Azār, Jānib Mashfā al-Asad,* €€€

HOTELS

Ar-Riyād

Sauber, günstig (Doppelzimmer ab 22 Dollar) und in zentraler Lage. 28 Zimmer mit TV und Aircondition. *Sāhat Shaikh Dāhir, Tel. 041/47 97 78, Fax 46 56 32,* €

Arslān Bāshā

Das Haus bietet sehr einfache, dafür aber klimatisierte Zimmer. *12 Zi., Sh. Corniche al-Bahr, Tel. 041/23 78 29,* €

Casino

Schöne, klimatisierte Zimmer in einem 120 Jahre alten Gebäude. Wegen des sehr guten Preis-Leistungs-Verhältnisses (Doppelzimmer mit Frühstück 36 Dollar), der zentralen Lage und der angenehmen Atmosphäre wärmstens zu empfehlen. Leider wurde durch den Bau des Containerhafens der früher schöne Ausblick verschandelt. *27 Zi., Corniche al-Bahr, Tel. 041/46 11 40,* €–€€

Côte d'Azur de Cham Resort

Luxushotel an einem palmenbestandenen und sehr gepflegten Sandstrand mit vielen Wassersportangeboten. Auswärtige zahlen lohnende 5 Euro »Strandeintritt«. Angeschlossen ist ein gut sortierter Supermarkt. Gäste der benachbarten Apartmentanlage *Côte d'Azur de Cham Residence (100 Apartments,* €€€*)* dürfen alle Einrichtungen nutzen. *700 Zi., Shāti al-Azraq, 10 km vom Zentrum, Cham-Zentralreservierung Damaskus über Tel. 011/223 23 00, Fax 222 61 80,* €€€

Riviera

Sauberes Hotel im Zentrum mit freundlichem Personal. *45 Zi., Sh. 16. Tishrīn, Tel. 041/42 18 03, Fax 41 82 87,* €€

AM ABEND

Abends sind die Kaffeehäuser rund um den *Sāhat Shaikh Dāhir* voller Leben. Den Abschluss eines Schaufensterbummels entlang der *Sh. 8 Azār und Sh. Baghdād* könnte der Besuch des Straßencafés *al-Bustān* bilden. Bei

MARCO POLO TIPPS FÜR DEN SĀHIL

1 **Crac des Chevaliers**
Prächtige und gut erhaltene Kreuzritterfestung aus dem Mittelalter (Seite 85)

2 **Hotel al-Wādī**
Entspannung am Fuße des Crac des Chevaliers (Seite 85)

3 **Qal'at al-Marqab**
Wuchtige Festungsmauern und gute Aussicht über die Küste (Seite 88)

4 **Qal'at Salāh ad-Dīn**
»Saladins« Festung (Seite 83)

5 **Ras al-Basīt**
Bewaldete Küste mit sauberen Stränden (Seite 84)

6 **Sāfītā**
Schönste Kleinstadt Syriens (Seite 85)

7 **Wādī al-'Uyūn**
Syrien von seiner grünen Seite (Seite 86)

einem Espresso kann man hier vorzüglich den Flaneuren zusehen. Wer das lieber bei einem Glas Bier tut, nimmt nebenan im *al-Suisse* Platz.

AUSKUNFT

Tourist Office
Sh. 16. Tishrīn, tgl. außer Fr 8–14 Uhr

Staatliche Busgesellschaft Karnak
Sh. al-Hurriye

ZIELE IN DER UMGEBUNG

Jable **(110/A6)**
Sehenswürdigkeit des Küstenstädtchen 30 km südlich von al-Lādiqiye ist das *Amphitheater* in der Ortsmitte. Die Ränge boten 7000 Zuschauern Platz.

Qal'at Salāh ad-Dīn **(110/B5)**
★ Die Festung liegt 30 km nordöstlich von al-Lādiqiye auf einem Bergrücken zwischen den Tälern Shaikh 'Isā und Jedīde inmitten einer großartigen Berglandschaft. Sie wurde zu Beginn des 12. Jhs. von den Kreuzrittern errichtet und im Jahr 1188 von Salāh ad-Dīn erobert. Schon die Byzantiner schlugen den 30 m tiefen Graben aus dem Fels. Die bei diesen Arbeiten stehen gebliebene Felsnadel trug einst die Zugbrücke. Gut erhalten sind der mächtige Donjon (Wohn- und Wachturm), die riesige Zisterne, die Gewölbestallungen und der arabische Hammām, *tgl. außer Di 9–18 Uhr (Sommer), 9 bis 16 Uhr (Winter) geöffnet.*

25 km weiter westlich, vorbei an Terrassenfeldern, liegt auf 1200 m Höhe das Städtchen *Slonfe.* Das *Grand Hotel Slonfe (50 Zi., Tel. 041/22 83 92, €€)* beherbergte schon Charles de Gaulle und hat seine besten Tage hinter sich. Sehr gutes Essen zieht an Wochenenden viele Ausflügler in die in einem Hain gelegene *Muntazat at-Tānnūr (Okt.–April geschl., €).* Zum Essen wird knuspriges Fladenbrot frisch aus dem Lehmofen gereicht.

Über der grünen Küste bei Ras al-Basīt erhebt sich der Jabal al-Aqra'

Landschaftlich besonders reizvoll ist die Rückfahrt über *Jūbet al-Burghāl* nach al-Lādiqiye.

Ras al-Basīt und Jabal al-Aqra' (110/A4–5)

★ 55 km nördlich von al-Lādiqiye liegt an einem bewaldeten Küstenstreifen der im August und September stark besuchte Urlaubsort *Ras al-Basīt.* Der Ort selbst ist etwas schmuddelig, Strände und Wasser aber sind sauber. Viele Bäume machen das Klima im Sommer erträglich. Statt in eines der einfachen »Chalets« ziehen Sie am besten ins Hotel *Al-Basīt as-Siyāhī (36 Zi., Tel. 041/40 99 76, €€).* Am Hotelstrand kann man Duschen und Kabinen gegen geringe Gebühr benutzen.

Im *Jabal al-Aqra'* liegt das vor allem von Armeniern bewohnte Städtchen *Kassab,* eine beliebte Sommerfrische. Gutes Essen und eine schöne Aussicht über das »Tal der Blüten« genießt man im Restaurant und Hotel *Wādī al-Azhār (€€).*

Zurück nach al-Lādiqiye geht es durch die Laub- und Nadelwälder *Ghābāt al-Furluq* oder über *Qastal Mu'āf. Länge der Rundfahrt: 130–160 km*

Ugarit (Ras Shamrā) (110/A5)

Hier wurde das berühmte Tontäfelchen mit dem ersten Alphabet der Menschheit gefunden.

Aus Steinen, nicht aus Tonziegeln wie etwa in Mārī, wurden die gut erhaltenen Mauern und Fundamente der Stadt errichtet. Die Kanaaniter gründeten sie im 3. Jahrtausend v. Chr. Der *Palast,* die *Tempel des Baal und Dagon* sowie die *Wohnviertel* sind zu besichtigen. *16 km nördlich von al-Lādiqiye*

SĀFĪTĀ

116/A3) ★ Ausgesprochen malerisch liegt die schönste Kleinstadt Syriens auf einem lang gezogenen Bergrücken inmitten endloser Olivenhaine. Die roten Ziegeldächer der Altstadt werden überragt von dem mächtigen, im Sonnenlicht weithin grell leuchtenden Wehrturm aus dem Mittelalter.

Vom früheren *Castel Blanc* der Kreuzritter ist nur noch der *al-Borj* genannte Donjon erhalten. Im ersten Stock befindet sich der gut erhaltene *Pfeilersaal*. Vom *Dach* aus hat man eine phantastische Aussicht auf die bis ins Frühjahr schneebedeckten Berge des Libanon und das Blau des Mittelmeers. Abends flaniert die Jugend die Corniche entlang und trifft sich in dortigen Lokalen. Die Architektur, der Habitus der Menschen und die Landschaft erinnern ein wenig an Süditalien.

RESTAURANTS

Al-Qanātir
Gute traditionelle Küche genießen Sie in diesem historischen Palästchen an der Corniche. *As-Sarāyā al-Qadīme,* €–€€

Cafeteria al-Borj
Große Cafeteria *direkt neben dem Donjon*

Spiro Pizza
Hier erwarten Sie opulente Pizzas und Bier. *Corniche,* €

HOTELS

Borj Safita
Am Südausgang des Ortes. *12 Zi., Tel. 043/52 19 32,* €

Safita Cham Palace
Hübsche Zimmer, Swimmingpool und sehr schöne Lage. *67 Zi., Cham-Zentralreservierung in Damaskus über Tel. 011/223 23 00, Fax 222 61 80,* €€€

ZIELE IN DER UMGEBUNG

Crac des Chevaliers **(116/B3)**
★ Die schönste und am besten erhaltene Kreuzritterburg Syriens. Tankred von Antiochia nahm die Festung im Jahr 1110 dem Emir von Homs ab. 1271 eroberten die Mamlūken die Festung zurück. Sehenswert: *Großer Saal* aus dem 12. Jh., *Kapelle, Türme, Glacis* und die Gewölbe der *Stallungen. Tgl. 9–18 Uhr (Sommer), 9–16 Uhr (Winter) und 9–15 Uhr (Ramadan)*

Genau hinter der Burg liegt das Restaurant *La Table Ronde (€€)*. Wer im Schatten der mächtigen Burg übernachten will, dem sei das ★ *Hotel al-Wādī (33 Zi., Wādī an-Nasāra, al-Mushtāya,*

Ugaritisches Sprachengewirr

Die Bewohner von Ugarit waren nicht nur begeisterte Seefahrer und begnadete Händler, sondern auch sprachbegabt. Im Alltag unterhielt man sich auf Ugaritisch und Hurritisch. Die Diplomaten parlierten Akkadisch-Babylonisch, Händler sprachen mit ihren Kunden aus Anatolien Hethitisch, Geschäfte im östlichen Mittelmeer fädelten sie auf Zyprisch ein.

Crac des Chevaliers, prächtigste Burg der Kreuzritter

Tel. 031/73 04 56, Fax 73 03 99, €€) mit großem Swimmingpool und großzügigen Zimmern mit Blick auf die Festung empfohlen. *Ca. 28 km südöstlich von Sāfītā*

Dair Mār Jurjus (116/B3)
Die 700 Jahre alte Kapelle des *Georgsklosters* birgt einen prachtvollen geschnitzten Altar und alte Ikonen. *Al-Humaira, 22 km südöstlich von Sāfītā*

Husn Sulaimān (116/B2)
Über einer kanaanitischen Kultstätte des Baal wurde im 2. Jh. der Tempel aus großen Steinquadern errichtet. Tierreliefs. *27 km nordöstlich von Sāfītā, Anfahrt über Wādī 'Ain al-Kabīre*

Südliches Küstengebirge (116/A-B2-3)
Von Sāfītā aus geht es durch Olivenhaine nach *ad-Drīkīsh,* berühmt für sein Mineralwasser. Hinter *Hamīn* führt die Straße durch ein enges, grünes Tal nach *Habāba* und klettert dann die Hänge hinauf. So weit das Auge reicht, überziehen Terrassenfelder die Berghänge. Nach *at-Tufāha* geht es vorbei an alten Eichenbeständen und Granatapfelplantagen. Sehr schön ist auch die Strecke von ad-Drīkīsh über *Janīnet Ruslān* und *Qaniyet Jerū,* steil hinunter ins ★ *Wādī al-'Uyūn,* das »Tal der Quellen«. Reiche Vegetation, unzählige Wasserläufe und Quellen sowie die terrassierten Hänge machen das Tal zum landschaftlichen Höhepunkt des Küstengebirges. Günstiges Essen und Unterkunft finden Sie im *Hotel Abū Samra (30 Zi., Tel. 043/73 03 72, €). Über Shaikh Badr, As-Saudā weiter nach Husain al-Bahr, zurück nach Sāfītā (insgesamt 145 km) oder Tartūs (insgesamt 110 km)*

TARTŪS

(116/A2) Rapides Wachstum des Hafens und die Ansiedlung neuer Industrien haben das Gesicht des früheren Fischerstädtchens (30 000 Ew.), 60 km nördlich der libanesischen Hafenstadt Tripoli, grundlegend verändert. Die breite Corniche trennt den Strand von der Häuserfront am Meer. Südlich des alten Hafens säumen schmucklose Betonneubauten auf mehreren Kilometern den Strand. Die Stadt ist schon längst kein kleiner Fischerort mehr, aber noch lange keine attraktive Hafenstadt mit einladend gestalteter Corniche oder schönen Parkanlagen.

BESICHTIGUNGEN

Jazīret Arwād
Klein ist die der Küste von Tartūs vorgelagerte Insel – und einmalig. Arwād ist Syriens einzige Insel. Eine Hand voll der geschlagenen Kreuzritter harrte hier aus, bis sie endgültig besiegt und verjagt wurden.

Im Westen der Insel finden sich Reste der phönizischen *Befestigungsmauer.* In der *arabischen Festung* ist ein kleines Museum zu besichtigen, Reste der Kreuzfahrerfestung liegen in der Inselmitte. Am *Hafen* gibt es einfache Cafés und Fischlokale. *Kleine Motorboote fahren vom Hafen »Marfā Arwād« in Tartūs zur Insel.*

Kathedrale Notre Dame
Von außen wirkt die festungsartige gotisch-romanische Kathedrale der Kreuzfahrer ausgesprochen klobig. Das Gebäude war Kirche, Moschee und Kaserne, dient heute als Museum und ist der schönste Sakralbau der »Franken« in Syrien. *Tgl. außer Di*

Keine mediterrane Schönheit, aber eine lebendige Hafenstadt ist Tartūs

9–18 Uhr (Sommer), 9 bis 16 Uhr (Winter), Hadīqat al-Mathaf

Zitadelle (al-Qal'a)
Im Norden der Stadt liegt die nahezu völlig überbaute Zitadelle der Kreuzritter. Sie hatten den heute an der Corniche endenden Befestigungswall direkt ans Wasser gebaut. Vom Donjon der inneren Festungsmauer und dem Festsaal können nur mehr Reste erahnt werden. Noch erhalten ist der äußere Befestigungswall mit Graben.

RESTAURANTS

Günstige Kabāblokale sind in der *Sh. ath-Thaura* und *Sh. 'Abd al-'Azīz* zu finden, Cafés und Lokale an der *Corniche.*

Cave
Fangfrischer Fisch in einer alten Grotte. *Corniche al-Bahr, Tel. 043/22 10 16, €€–€€€*

Nādī al-Muhandisīn
Im sauberen und gepflegten »Ingenieursclub« gibt es frischen Fisch, Fleisch und Alkoholisches. Schöne Strandterrasse mit Blick auf die Insel Arwad. *Corniche al-Bahr, €€*

HOTELS

Daniel Hotel
Sehr sauber, schöne große Zimmer. Mountainbikeverleih, Bootstouren. *30 Zi., Sh. 'Abd al-'Azīz, Tel. 043/31 27 57, Fax 31 65 55, €*

Shāhīn
Ordentliche Zimmer zu realistischem Preis. *50 Zi., Sh. Ahmad al-'Azāwī/Corniche al-Bahr, Tel. 043/22 20 05, Fax 31 50 02, €€*

Tartous Grand Hotel
Seit der Renovierung Ende 1994 wieder das beste Haus der Stadt. Zuckersüß: alle Zimmer in Pink und Rosé. Außerdem TV und Aircondition. Doppelzimmer ab 40 Dollar. *100 Zi., Corniche al-Bahr, Tel. 043/22 54 75, Fax 31 56 83, €€€*

AUSKUNFT

Tourist Office
Sh. Khālid bin al-Walīd

Staatliche Busgesellschaft Karnak
Sh. Mahdī bin Baraka

ZIELE IN DER UMGEBUNG

'Amrīt **(116/A3)**
Al-Ma'bad ist ein phönizischer Tempel aus dem 6. Jh. v. Chr. 500 m südlich liegt die Nekropole der phönizischen Hafenstadt mit den auf der Seeseite stark verwitterten *Maghāzil,* zwei spindelförmigen Türmen über unterirdischen Grabkammern. *5 km südlich von Tartūs*

Qal'at al-Marqab **(116/A2)**
★ Die Kreuzritterburg in den Bergen über der Hafenstadt Banyās ist sehr gut erhalten. Das schwarze Granitmauerwerk verleiht der Anlage auf einem steil aufragenden, früheren Vulkan etwas Bedrohliches. Ein Großteil der Bauten wurde erst zu Beginn des 13. Jhs. errichtet, so der *Donjon* mit seinen bis zu 5 m dicken Mauern. In der nördlichen Sakristei der gotisch anmutenden *Burgkapelle* aus dem 12. Jh. sind die Reste eines Abendmahl-Freskos zu besichtigen. *Rund 55 km nördlich von Tartūs. Tgl. außer Di 9–18 Uhr (Sommer), 9–16 Uhr (Winter)*

Auf drei Routen durch sechs Jahrtausende

Die hier beschriebenen Routen sind in der Übersichtskarte im vorderen Umschlag und im Reiseatlas ab Seite 110 grün markiert

① ZEITREISE DURCH DIE ANTIKE

Entspannte, fünf- bis sechstägige Route, von Damaskus aus zuerst in den Süden, anschließend Richtung Norden nach Aleppo. Sie durchqueren ursprüngliche Landschaften und sehen die schönsten antiken Stätten des Landes: Die Idealroute für Syrienbesucher mit Faible für Säulen, Kirchen und Tempel. Länge der Route ca. 750 bis 800 km

Von *Damaskus (S. 33)* aus geht es zunächst in den Süden des Landes, der durch dunklen Basalt und ausgedehnte Getreidefelder geprägt wird. Lassen Sie sich den Anfang der Autobahn von einem vorausfahrenden Taxifahrer zeigen! Auf der gut ausgebauten Autobahn fahren Sie bis zur Ausfahrt Dar'ā (rund 110 km), dann, der Beschilderung folgend, ca. 45 km nach *Bosrā (S. 77)*. Die großartige, vollständig aus schwarzem Basalt bestehende Ruinenstätte ist das Etappenziel des ersten Tages, den Sie nach einer ausgiebigen Besichtigung des Theaters und der weitläufigen Ausgrabungsstätte ausklingen lassen: im *Hotel Bosra Cham Palace (S. 78)*.

Am folgenden Tag fahren Sie rund 30 km bis *as-Suwaidā (S. 75)*, dessen an der Peripherie des Städtchens errichtetes *Museum* mit zahllosen Statuen und einzigartigen Mosaiken einen umfassenden Überblick über das künstlerische Erbe aus der Römerzeit bietet (Rundgang ca. 2 Std.).

Nur 4 km weiter nordöstlich liegt der Tempel-Kirchen-Komplex »Serail« von *Qanawāt (S. 76)*. Klein, aber fein ist das Mosaikenmuseum im benachbarten, fast zu 100 Prozent von Drusen bewohnten Ort *Shahbā (S. 76)*, 17 km von as-Suwaidā. Es liegt etwas abseits in einer Seitenstraße der Durchgangsstraße Richtung Damaskus. Dort sind Mosaiken aus dem 4. Jh. *in situ* zu sehen, also an der Stelle, an der sie ursprünglich die Böden einer römischen Villa zierten. Ein kurzer Spaziergang führt anschließend über die original erhaltene Pflasterstraße zum Monument des Philippus Arabs und zum kleinen Theater. Am Ende des Tages fahren Sie zurück nach Damaskus.

Der dritte Tag führt Sie auf der Autobahn 355 km nach *Aleppo (S. 59),* der zweitgrößten Stadt Syriens. Aleppo ist der beste Ausgangsort für Besuche der früheren Wirkungsstätte Simons des Säulenstehers im nordsyrischen Kalksteinplateau, aber auch der famosen »Toten Städte«. Allein die Erkundung der wichtigsten Stätten dieses antiken Freilichtmuseums beansprucht zwei bis drei Tage Entdeckungsreise. Diese Route steuert nur diejenigen Highlights an, die an jeweils einem Tag zu schaffen sind.

Zunächst geht es über Hiwār Richtung Qal'at Sim'ān. 25 km hinter Aleppo prangt auf einem kleinen Hügel die exzellent erhaltene, über 1500 Jahre alte *Basilika al-Mushabbak (S. 69).* Nach weiteren 7 km erreicht man das Kirchen-und-Klöster-Ensemble rund um den Bergrücken von Dair Sim'ān. Majestätisch thront *Qala't Sim'ān (S. 69),* ein Komplex von vier Basiliken, über der Ebene des Flusses 'Afrīn. Zu Füßen des Klosters liegen unzählige Ruinen von antiken Geschäften und Herbergen. Das antike Telanissos praktizierte bereits im 5. und 6. Jh. eine Form des »Event-Tourismus«: Unzählige Anhänger des Simon, der den irdischen Niederungen durch asketisches Leben auf Säulen entkommen wollte, sorgten für gut gefüllte Kassen und rege Bautätigkeit auf höchstem Niveau.

Auf kleinen Landstraßen geht es über Idlib südwärts Richtung Sommerfrische *Arīhā (S. 70);* Einkehr im schön am Berg gelegenen Hotelrestaurant *Abū Arīn (S. 70).* Von hier sind es (6 km hinter Arīhā Richtung Ihsim abbiegen!) rund 20 km bis zur Prominenz unter den »Toten Städten«: *Sirjīla (S. 72).* Der großzügige Komplex ungewöhnlich gut erhaltener antiker Villen und Grabmale samt Männerhaus und antikem Badehaus liegt in einem schmalen Tal. Fast alle Reisegruppen steuern diesen Ort an. Am besten legen Sie den Besuch auf den späten Nachmittag, wenn die Busgruppen wieder abfahren und das Sonnenlicht milder wird. Zuvor jedoch empfiehlt sich knapp 3 km vor Sirjīla ein Abstecher zu der ebenfalls im Bergzug Jabal al-Arba'īn gelegenen Toten Stadt *al-Bāra (S. 71).* Weitaus weniger kompakt und übersichtlich, liegt sie aber landschaftlich reizvoller, inmitten von Olivenhainen, mit ihren Ruinen von drei Klöstern und fünf Kirchen sowie prachtvollen Pyramidengräbern. Es geht zurück zur Autobahn nach Aleppo über Kafr Nabul und *Ma'aret an-Nu'mān (S. 72).*

② PREMIUM-RUINEN UND SINGENDE WASSERRÄDER

In sechs bis sieben Tagen führt diese Route zur schönsten Ruinenstätte des Mittelmeerraums, zu den heulenden Wasserrädern von Hamā und zum Crac des Chevaliers, gewaltigste Burg der Kreuzritter. Länge der Route: ca. 650 km

Die schnellste Verbindung muss nicht die schönste sein. Deshalb gönnen wir uns ab Damaskus den Luxus eines Umwegs über Harista, Adrā, ad-Dumair, ar-Rahība und auf schmaler, dafür verkehrsarmer Straße durch das Tal des Jabal Ruūs at-Tiwāl nach Osten. Nach dem Steppenkaff al-Qaryatain geht es zu den mageren Resten des omayyadischen

Wüstenschlosses *Qasr al-Hair al-Gharbī,* dessen Eingangsportal das Nationalmuseum in Damaskus schmückt. Vom *Qasr* sind es nur etwa 100 km bis zur großartigen Ruinenstätte *Palmyra* alias *Tadmūr (S. 54).* Planen Sie so, dass Sie zum Sonnenuntergang – ein einzigartiges Erlebnis! – auf der Terrasse des *Hotels Zenobia (S. 57)* einen Drink bestellen können (Zimmer im Voraus reservieren!). Wer das ausgedehnte und einmalig schön gelegene Ruinenfeld samt dem guten Museum nicht im Akkord besichtigen möchte, sollte sich dafür zwei Tage gönnen.

Die nächste Etappe führt 160 km westlich nach Homs, dann weitere 48 km nach *Hamā (S. 49).* Wer den kuriosen, singenden respektive heulenden Wasserrädern ganz nah sein will, mietet sich im *Apamea Cham Palace (S. 51)* ein. Die beste Zeit für den Genuss des polyphonen Klangspektakels am Ufer des Orontes ist das Frühjahr: Dann führt der Fluss viel Wasser, und die Räder schöpfen aus dem Vollen.

Zurück nach Süden und ab ins Mittelalter: Bei Homs auf die Autobahn Richtung Tartūs, bis nach rund 45 km die beschilderte Ausfahrt zur Festung und zum Ort Qal'at al-Husn (10 km) kommt. *Crac des Chevaliers (S. 85)* ist die mächtigste der Kreuzfahrerburgen in der Levante, Vorbild für viele Burgen in Europa. Von hier aus führt eine gemütliche Fahrt (ca. 20 km) durch das Küstengebirge in das pittoreske Bergstädtchen *Sāfitā (S. 85)* mit gewaltigem Burgturm und dem schön am Hang gelegenen Hotel *Safita Cham Palace (S. 85).* Am folgenden Tag fahren Sie zunächst 25 km bis *Tartūs (S. 87)* mit seiner berühmten spätromanischen Kathedrale der Kreuzfahrer, dann weitere 45 km zur zweiten großen Kreuzfahrerfestung *Qal'at Marqab (S. 88)* hoch über dem Mittelmeer bei Banyās. Die Strecke zurück nach Damaskus beträgt rund 325 km.

③ IN DEN OSTEN SYRIENS

Die drei- bis viertägige Reise im Mietwagen entlang dem Euphrat und durch die Wüstensteppe liefert eine gehörige Portion echtes Orientgefühl und ist zu jeder Jahreszeit ein Abenteuer. Wer es noch ausgefallener und ursprünglicher mag, plant die Fahrt durch die Wüste mit den »Hopp Hopp« genannten, bunt bemalten und windschiefen Sammelbussen – lange Warteperioden und quälende Stunden auf engen Sitzen inklusive. Länge der Route ca. 1150 km

Auf in Syriens Osten! Wüstenluft schnuppern. Beduinenzelte und lodernde Fackeln über Erdölfeldern am Horizont. Überladene Trucks, die rußfauchend über in der Hitze flirrende Asphaltbänder röhren. Und für den, der es mag, nostalgische Erinnerungen an jene Tage, in denen man als »Hardcore-Traveller« gerade die billigsten Absteigen vorzog. Nirgendwo in Syrien findet man übrigens dubiosere Herbergen als in *Dair az-Zūr (S. 47).*

Was benötigen Sie für das stilechte Fahrgefühl in der syrischen Wüste? Einen voll getankten Wagen, einen Kassettenrecorder samt einigen Kassetten mit den wunderschön schwermütigen Liedern der libanesischen Sängerin Fairouz sowie einige Flaschen Mineralwasser.

Und los geht es ab Damaskus, 280 km weit Richtung Nordost bis zur Ruinenstadt *Tadmūr (Palmyra, S. 54)*. Nach weiteren 115 km bietet sich, ortskundigen Begleiter und relativ robustes Fahrzeug vorausgesetzt, der Abstecher zum mitten in der Steppe gelegenen Wüstenschloss *Qasr al-Hair ash-Sharqī (S. 57)* an. Wer darauf verzichtet, drückt aufs Gaspedal. Nach ungefähr 220 km ist das Etappenziel Dair az-Zūr erreicht: Zeit für den Sprung in den Pool des luxuriösen *Furat Cham Palace (S. 48)!*

Früh aufstehen sollte, wer am folgenden Tag vor der Fahrt entlang dem Euphrat nach Süden den Sūq besuchen will. Denn in den Morgenstunden ist der am spannendsten: Wenn Beduinen in mit Schafen und Familienangehörigen voll beladenen Pickups in die Stadt rollen, um die wichtigsten Geschäfte zu erledigen – während die Damen des Klans Händler mit zu hohen Preisvorstellungen lautstark keifend in die Verzweiflung treiben.

Auf teils miserablen Straßen geht es südwärts weiter. Rechts und links der Straße pastorales Stillleben im Zeitlupentempo: Unter dicken Brennholzbündeln schwitzende Esel, Männer in Hockstellung am Straßenrand, Kinder in Schuluniformen, unterwegs im Gänsemarsch zum allmorgendlichen Fahnenappell. Nach 90 km der Mauergürtel von *Duro Europos (S. 49)*, einer über 4000 Jahre alten Garnison der Seleukiden, deren löchrige Lehmmauer Fundamente umarmt und die nur passionierte Archäologen begeistern wird – der Blick über die schilfgesäumte Flussebene, über der tagaus, tagein der Rhythmus der Dieselpumpen hängt, lässt indes jeden jubeln. 32 km weiter in Richtung irakischer Grenze erwachen mit etwas Phantasie die Ruinen des vor 3700 Jahren aus Lehm errichteten Protzpalasts von *Mārī (Tell al-Harīrī, S. 49)* zum Leben.

Zurück nach Norden Richtung *ar-Raqqa (S. 72):* Schauen Sie sich auf dieser Strecke an, wie die Menschen in Syriens ländlichen Gegenden leben. Steigen Sie aus, kaufen Sie einen Imbiss, um mit den Menschen in Kontakt zu kommen.

Ar-Raqqa hat leider kein einziges nettes Lokal oder Hotel aufzuweisen. Also sollten Sie besser gleich weiter nach Aleppo fahren. Raqqa hat jeden Glanz aus der Zeit des Kalifen Harun ar-Rashid verloren. Außer der teils renovierten, teils als Müllverbrennungsort missbrauchten Stadtmauer, dem windschiefen Lehmschlösschen Qasr al-Banat sowie dem kleinen Museum gibt es keine Sehenswürdigkeiten.

Auf der Fahrt Richtung Aleppo fahren Sie nach rund 28 km bei al-Mansūr links ab und auf schmaler Landstraße etwa 30 km bis nach *ar-Rasāfa (S. 73)*, einer von hohen Lehmmauern umgebenen byzantinischen Wehrfestung mit sakraler Zugabe in Form zweier Basiliken.

Nach einem Abstecher zur Festung *Qal'at Ja'bar (S. 73)* hoch über den tiefblauen Fluten des aufgestauten Euphrats geht es weiter nach *Aleppo (S. 59)*. In der Hotelbar des *Baron (S. 66)* klingt die Wüstenexpedition aus: bei einem Schlaftrunk nach einem ausgiebigen Abendessen in den Altstadtlokalen *Sissi House* oder *Yasmeen House (beide S. 65)*.

Von Auskunft bis Zoll

Hier finden Sie kurz gefasst die wichtigsten Adressen und Informationen für Ihre Syrienreise

AUSKUNFT

Botschaft der Arabischen Republik Syrien
Andreas-Hermes-Str. 5, 53175 Bonn, Tel. 0228/81 99 20

Syrian Arab Airlines
Büro für internationale Flüge in Damaskus: *Sāhat Hijāz/Sh. Port Sa'īd, Tel. 011/168, Fax 221 48 27*

AUTO

Um die Formalitäten bei der Einreise mit dem eigenen Pkw (Achtung, bei Dieselfahrzeugen werden horrend hohe Strafsteuern von bis zu 100 Euro pro Woche fällig!) zu vereinfachen, benötigt man ein so genanntes Carnet de Passage, das über den ADAC erhältlich ist, den nationalen wie internationalen Fahrzeugschein und den nationalen sowie internationalen Führerschein. Wegen der geringen Deckungssummen der syrischen Police empfiehlt sich der Abschluss einer zusätzlichen Kurzkasko- und Insassen-Unfallversicherung in Deutschland.

Die grüne Versicherungskarte wird nicht akzeptiert. Bei der *Syrian Insurance Company* muss eine Haftpflichtversicherung *(tamīn as-sayyāra)* abgeschlossen werden – sie gilt für genau 28 Tage und kostet 30 Euro (bei Überschreitung Bußgelder von 200 Dollar pro angefangene Woche). Ein bürokratischer Hindernislauf ist die Verlängerung der Haftpflichtversicherung (30 Dollar) im *Büro der Gesellschaft (Al-Muassasa al-'Āmma as-Sūriya li Tamīn) in der Nähe des Avicenne Bookshop, at-Tajhīz.*

Bleifreies Benzin für Fahrzeuge mit Kat nur bei den Sadcob-Tankstellen – Firmenlogo blaues Dreieck mit roter Fackel. Das Netz ist noch nicht flächendeckend, also Vorräte anlegen! Super *(mumtaz)* hat generell verhältnismäßige geringe Oktanzahl. Klopfende Motoren sind nicht selten. Straßennetz und Beschilderung sind landesweit generell recht gut. Höchstgeschwindigkeit auf syrischen Autobahnen: 110 km/h. Vor Fahrten in der Dunkelheit ist dringend abzuraten.

BAHN

Fahrkarten gibt es im Hijāzbahnhof, von dort fahren Busse zum Bahnhof *al-Qaddam.* Ein Platz im Schlafwagen des Nachtzugs Aleppo–Damaskus kostet knapp 10 Euro, ein Platz 1. Klasse ca. 2 Euro. Dampfzug vom Hijāzbahnhof nach Zabadānī So, Di und Fr (ab 15 Cent).

BANKEN

Nur die *Commercial Bank of Syria, Branch No. 6 (am Sāhat Yūsuf al-'Azme, Damaskus, tgl. außer Fr 8.30 bis 12.30 Uhr, So 9.30–12.30 Uhr)* wechselt relativ schnell Reiseschecks. Bargeld wechseln zum Bankkurs auch die *Cham Hotels.* Im *Meridien* in Damaskus können Sie auch Reiseschecks eintauschen.

BOTSCHAFTEN

Botschaft der Bundesrepublik Deutschland in Damaskus
Sh. ar-Riyād/Sh. Ebla, al-Mālki, Tel. 011/332 38 00, Fax 332 38 12

Österreichische Botschaft in Damaskus
Mezze, Villas-Est, Rue Farabi 152 a, Tel. 011/662 47 30, Fax 662 47 34

Schweizer Botschaft in Damaskus
Abū Rumāne, Sh. al-Madhī bin Baraka, Tel. 011/331 18 70, 332 11 37

BUS

Die staatliche Busgesellschaft *Karnak* hat zwar von privaten Linien Konkurrenz bekommen. Trotzdem bleibt Karnak die Gesellschaft Nummer 1: preußisch-pünktlich, günstig und Rauchverbot in den Bussen *(Sh. Port Sa'īd, Tel. 011/222 14 92, 011/222 61 36).* Tickets im *Busbahnhof, Sh. al-Filastīn, Stadtteil al-Barāmke*

EINREISE

Die Visumanträge bei der syrischen Botschaft sollten Sie nur mit frankiertem Rückumschlag anfordern! Ihr Pass sollte keine israelischen Stempel tragen.

Nach 14 Tagen Aufenthalt besteht eine Meldepflicht bei den Büros der *Hijra wa Jawāzāt.* Hier müssen Sie die Verlängerung *(tamdīd)* beantragen. Sie benötigen dazu Gebührenmarken, vier Passfotos und Kopien der Ihnen ausgehändigten Formulare. Das alles ist in »Fachgeschäften« in der Nachbarschaft erhältlich. Zwischen vier und acht Formulare gilt es auf Englisch und Arabisch auszufüllen – Letzteres mit Hilfe der geduldigen und hilfsbereiten Beamten. Spätestens am nächsten Tag erhalten Sie Ihren Pass mit den nötigen Stempeln zurück.

EURO

Bei Redaktionsschluss waren noch nicht alle Euro-Preise festgesetzt. Wir haben die Preise deshalb in manchen Fällen auf- bzw. abgerundet.

FOTOGRAFIEREN

Bevor Menschen auf den Film gebannt werden, sollte man sie um ihre Erlaubnis fragen. Bei Frauen ist äußerste Zurückhaltung, bei Brücken, Militärlagern und öffentlichen Gebäuden totale Enthaltsamkeit geboten. Filme aller Marken sind erhältlich.

GESUNDHEIT

Hepatitis-A-Impfung, außerdem Impfschutz gegen Tetanus, Typhus, Diphtherie und Polio. Zur

Malariaprophylaxe erhalten Sie aktuelle Auskünfte bei den Tropeninstituten. Vergessen Sie nicht, eine Auslandskrankenversicherung abzuschließen!

Das beste Krankenhaus in Damaskus ist das *Shami Hospital, Sh. Ibrāhīm Hanānū, Tel. 371 89 70-75.* Eine Liste empfehlenswerter und Deutsch sprechender Ärzte gibt es bei der deutschen Botschaft.

INLANDSFLÜGE

Der Bus zum Flughafen von Damaskus startet alle 30 Minuten an der *Jisr Viktoria in der Sh. al-Ittihād.* Ein einfaches Ticket für die Strecke Damaskus–Aleppo kostet ab 15 Euro. Das Inlandsbüro der Syrian Arab Airlines in Damaskus liegt an der *Ecke Sh. 29th May/Sh. Baghdād.*

INTERNET

Immer mehr syrische Hotels stellen sich im Internet vor. Onlinebuchungen klappen zum Teil ganz gut, E-Mail-Anfragen bleiben in der Regel unbeantwortet.

Öffentlichen Zugang zum Internet bieten in Damaskus neben den großen Hotels die *STE-Telefonzentralen* in Abū Rumāne, am Hijāz-Bahnhof und in al-Muhājerīn (ab 50 Cent/10 Min.). Die *Asad-Bibliothek* am Ommayaden-Platz bietet ebenfalls begrenzten Zugang zum Internet (keine webbased E-Mails). Daneben gibt es vorläufig geduldete, aber eigentlich illegale private Internetcafés wie das *Mac Café* am Stadtpark Aleppos oder in Damaskus das *ICC Computer Center* (al-Barāmke, ab 1,50 Euro/10 Min.) sowie einige Cafés rund um das Hotel Haramain (rund 10 Cent/Min.). Laut Syrian Computer Society ist die Eröffnung von einigen offiziellen Internetcafés in den großen Städten geplant. Machen Sie sich vor Ort kundig!

Lustig: Voice Chat mit Exilsyrern im *Al Sham Café* unter *www.al-sham.net.* Nach dem Relaunch ist *www.syria-guide.com* eine

Die wichtigsten Begriffe in Kürze

Ablaq	Polychromes Mauerwerk	*Maqsaf*	Ausflugsrestaurant
Bāb	Stadttor	*Masjid*	Moschee
Bādiye	Wüstensteppe	*Mathaf*	Museum
Deir	Kloster	*Mat'am*	Restaurant
Funduq	Hotel	*Muqarnas*	stalaktitenartiges Gewölbe
Hammām	Badehaus	*Nā'ūra (pl. Nāwaīr)*	unterschlächtiges Wasserschöpfrad (Noria)
Hayy	Stadtviertel	*Qal'at*	Burg/Festung
Iwān	zur Hofseite offener, portalartiger Raum	*Qasr*	Palast
Jabal	Berg	*Sāhat*	Platz
Jāmi'	Freitagsmoschee	*Shāri'*	Straße (Abk. Sh.)
Khān	Karawanserei	*Sūq*	Markt
Madrase	Religiöse Lehranstalt/Koranschule	*Tell*	Ruinenhügel
		Wādī	Tal

brauchbare Site mit vielen Infos. Trends, People und mehr haben sich die Macher von *www.souria.com* auf die Fahne geschrieben. Dort gibt es auch Multimedia-Features wie das syrische Fernsehen als Real Video Clip und 360-Grad-Panoramafotos von Damaskus sowie Ausgehtipps und News.

MIETWAGEN

Viele einheimische und einige internationale Agenturen bieten Mittelklassewagen ab 60 Dollar pro Tag inklusive Versicherung und Kilometer an. Überprüfen Sie den technischen Zustand des Wagens!

ChamCar
Vermietet nur neue Fahrzeuge, in erstklassigem technischen Zustand, auf Wunsch auch mit Fahrer. Mittelklassewagen ab 80, Allrad ab 160 Dollar/Tag. *Sh. Maisalūn, Damaskus, Tel. 011/ 223 23 00, Fax 222 61 80*

MUSEEN

Es gibt eine große Zahl schöner Museen (alle Di geschl.). Ihre Öffnungszeiten und die anderer Sehenswürdigkeiten sind saisonabhängig: *Sommer* vom 1. April bis 30. Sept., *Winter* vom 1. Okt. bis 31. März. Eintritt 3 bis 6 Euro.

ÖFFNUNGSZEITEN

Der Amtsschimmel wiehert täglich außer Freitag zwischen 9 und 14 Uhr.

Geschäfte öffnen und schließen nach Belieben. Freitags sind die Sūqs wie ausgestorben: Fast alle Läden bleiben geschlossen.

POST

Öffnungzeiten tgl. außer Fr 9 bis 14 Uhr. Das Porto für Briefe nach Europa (Auslieferungsdauer bis zu drei Wochen) beträgt 20 Syrische Pfund.

REISEZEIT

Die besten Reisezeiten sind April und Mai sowie Mitte September bis Ende Oktober. Die Sommer sind sehr heiß, die Winter regnerisch.

STROM

220 Volt Wechselstrom

TELEFON UND FAX

Das neue Telefonnetz ermöglicht gute Verbindungen und erleichtert Auslandsgespräche. Kartentelefone in Damaskus: in der *Telefonzentrale (Markaz al-Hātif), Sh. an-Nasr, neben Hijāzbahnhof,* vor der Zentralpost und in der *al-Jala-Telefonzentrale von Abū Rumāne.* Telefonkarten gibt es zu 500 und 1000 Pfund. 10 Minuten Telefonieren nach Europa kosten rund 20 Euro. Faxservicegebühren: ab 300 Pfund für die erste Seite, 150 Pfund für jede weitere Seite.

Die Ländervorwahl nach Syrien ist 00963, die 0 der Ortsvorwahl entfällt dann. Die Vorwahl von Syrien nach Deutschland ist 0049, nach Österreich 0043, in die Schweiz 0041.

Inlandsauskunft (nur auf Arabisch): Tel. 141/142

Notruf: Tel. 110

Wer von Europa aus telefonisch reservieren will, braucht Geduld. Dies gilt auch für das Versenden von Faxen.

TRINKGELD

In Restaurants gibt man zwischen zehn und 15 Prozent des Rechnungsbetrags. Ein Trinkgeld erhalten auch das Personal in Hotels, Taxifahrer, Friseure und Museumsführer.

ZEITUNGEN

Im Hotel Cham Palace in Damaskus bekommt man den *Spiegel*. Die englischsprachige *Arab Times* aus Kuwait hat einen umfangreichen Auslandsteil, die stark inlandsorientierte *Syria Times* dagegen eher geringen Informationswert.

ZOLL

Elektronikgeräte wie Videokameras und Notebooks bitte sicherheitshalber bei der Einreise angeben. Einführen können Sie einen Liter Parfum, Spirituosen und 200 Zigaretten. Die Ausfuhr antiker Gegenstände ist verboten.

Freimengen bei der Wiedereinreise in die EU und die Schweiz: 1 l Alkohol über und 2 l Alkohol unter 22 (15) Prozent, 200 Zigaretten oder 50 Zigarren oder 250 g Tabak, 50 ml Parfum oder 250 ml Eau de Toilette, 500 g Kaffee oder andere Waren bis zu 175 Euro/200 Franken.

WETTER IN DAMASKUS

Die monatlichen Durchschnittswerte im Überblick

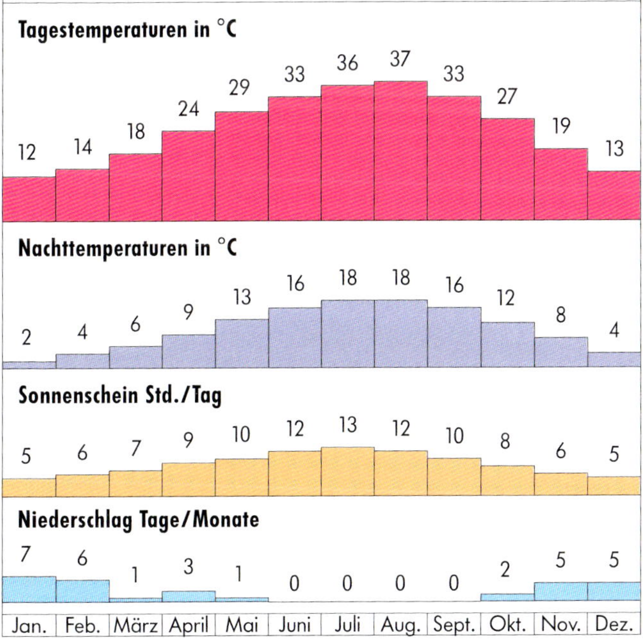

Bloß nicht!

Was man in Syrien besser vermeidet

Billige Absteigen

Rund um den Merje-Platz in Damaskus stehen unzählige Billighotels. Hier finden Sie sehr günstige, aber auch oft vorgewärmte Betten. Wer frische Laken und ungestörte Nachtruhe liebt, sollte sein Quartier mit Bedacht wählen.

»Antike« Funde kaufen

Auf den Ruinenfeldern von Apameia folgen »Antiquitätenhändler« den Besuchern und bieten überteuerte »antike Funde« an, die gerade erst dem Säurebad der familieneigenen Werkstatt entstiegen sind. Wären sie wirklich antik, würden Sie sich als Käufer ohnehin strafbar machen.

Bakschisch für Beamte

Hartnäckig hält sich das Gerücht, das richtige Scheinchen zur richtigen Zeit öffne Tür und Tor. Was Sie damit in Syrien erreichen, sind beleidigte Beamte, die recht unfreundlich werden können. Beharren Sie freundlich und ausdauernd auf Ihrem Anliegen und lassen Sie sich für das gesparte Scheinchen Ihre Schuhe putzen.

Schwarz tauschen

Change Money? – No, thanks! ist hier die einzig richtige Antwort. Der Staat führt den Kampf gegen den Devisenschwarzmarkt mit harten Bandagen. Der Kurs: ab 100 Dollar 15 Jahre Haft für die beteiligten Einheimischen. Werden Sie erwischt, ist auch Ihre Freude über die zehn bis maximal 20 Prozent Gewinn rasch dahin.

Große Scheine im Taxi

Mit einem frisch bei der Bank eingewechselten 500-Pfund-Schein bringen Sie manchen Fahrer in Verlegenheit. Warten Sie dann noch, bis er die letzten Münzen aus dem Aschenbecher gekramt hat, um bis auf fünf Pfund herauszugeben, haben Sie so ziemlich alles falsch gemacht, was man falsch machen kann. Also stets ein Bündel kleiner Scheine bereithalten und großzügig aufrunden!

Jede Einladung annehmen

Fremde werden häufig mit einem »Tfaddalu« zu einer Tasse Kaffee oder zu einem kleinen Essen eingeladen. Die meisten solcher Spontaneinladungen sind aber nicht als solche gedacht. Der Einladende folgt damit dem Gebot der Höflichkeit. Tun Sie das doch bitte auch, und nehmen Sie nicht jede Einladung an. Lehnen Sie im Zweifelsfall zwei-, dreimal freundlich ab. Besteht Ihr Gegenüber hartnäckig (!) auf seiner Einladung, nehmen Sie sie an.

(Hotels, Restaurants und die wichtigsten Sehenswürdigkeiten)

Aleppo	حلب
Al-Bīmāristān al-Arghūnī	البيمارستان الارغوني
Al-Karam (Restaurant)	مطعم الكرم
Amir (Hotel)	فندق أمير
An-Nabī Hūrī	النبي هوري
Ash-Shabāb (Restaurant)	مطعم الشباب
Babel (Restaurant)	مطعم بابل
Bait Basīl	بيت بسيل
Bait ad-Dallāl	بيت الدلال
Bait Wakīl (Hotel)	بيت وكيل
Baron (Hotel)	فندق بارون
Chahba Cham Palace (Hotel)	فندق شهباء الشام
Dār Ajiqbāsh	دار أجقباش
Dār al-Yāsmīn (Restaurant)	مطعم دار اليسمين
Dar Zamaria (Hotel)	فندق دار زمريا
Deir ar-Rahbāt	دير الرحبات
Hammām an-Nahhāsīn	حمام النحاسين
Hammām an-Nāsirī	حمام الناصري
Hanādi (Hotel)	فندق هنادي
Jāmi' at-Tūt (ash-Sha'ībiye)	جامع التوت (الشعبية)
Khān al-Wazīr	خان الوزير
Madrase al-Firdaus	مدرسة الفردوس
Mushabbak	مشبّك
Nationalmuseum	المتحف الوطني
Omayyadenmoschee	الجامع الاموي (جامع الكبير)
Qal'at Dair Sim'ān	قلعة دير سمعان
Qal'at Halab (Zitadelle)	قلعة حلب
Sissi House (Restaurant)	مطعم حوس السيسي
Siyāha (Hotel)	فندق السياحة
Wanes (Restaurant)	مطعم وانيس
Al-Lādiqiye	اللاذقية
Ambassador (Hotel)	فندق السفراء
Arslān Bāshā (Hotel)	فندق أرسلان باشا
Casino (Hotel)	فندق الكازينو
Côte d'Azur de Cham (Hotel)	فندق الشام الشاطى الازرق
Italian Corner (Restaurant)	مطعم الركن الاطالي
Petra (Restaurant)	مطعم البترا
Qal'at Salāh ad-Dīn	قلعة صلاح الدين
Ras al-Basīt	رأس البسيط
Riviera (Hotel)	فندق الريفيرا
Ugarit	راس شمرا
As-Suwaidā	السويداء
Al-Borj (Restaurant)	مطعم البرج
As-Siyāhī (Hotel)	فندق السياحي
Al-Wasīm (Restaurant)	مطعم الوسيم
Qanawāt	قنوات
Shahbā	شهبا
Shaqqā	شقا

Bludān	بلودان
Baidar Abū Zād (Restaurant)	مطعم بيدر أبو زاد
Bloudan Grand Hotel	فندق بلودان الكبير
Wādī Abū Zād (Restaurant)	مطعم وادى أبو زاد
Dair az-Zūr	دير الزور
Al-Jisr al-Mu'allaq	الجسر المعلق
Ash-Shāti al-Azraq (Restaurant)	مطعم الشاطئ الازرق
Duro Europos	الصالحية
Furat Cham Palace (Hotel)	فندق فرات الشام
Hotel Concorde	فندق كونكورد
Mārī (Tell al-Harīrī, Ruinenstätte)	مارى (آثار تل حريرى)
Raghdān (Hotel)	فندق رغدان
Damaskus	دمشق
Abū al-'Izz (Restaurant)	مطعم أبو العز
Al-'Arabī al-Kabīr (Restaurant)	مطعم العربى الكبير
Alaa Tower Hotels	فنادق برج آلاء
Al-Bīmāristān an-Nūrī	البيمارستان النورى
Al-Fārūq (Restaurant)	مطعم الفاروق
Al-Haramain (Hotel)	فندق الحرمين
Alf Laila wa Laila (Restaurant)	مطعم ألف ليلة و ليلة
Al-Merje-Platz	ساحة المرجة (ساحة الشهداء)
Ar-Rabī' (Hotel)	فندق الربيع
Bāb Tūmā	باب توما
Bait Nizām	بيت نظام
Baradā (Hotel)	فندق بردى
Café an-Naufara (Kaffeehaus)	مقهى النوفرة
Casa Blanca (Restaurant)	مطعم دار الابيض
Cham Palace (Hotel)	فندق الشام
Dimashq al-Qadīme (Restaurant)	مطعم دمشق القديمة
Ebla Cham Palace (Hotel)	فندق إيبلا الشام
Hammām al-Muqaddam	حمام المقدم
Hammām Nūr ad-Dīn	حمام نور الدين
Jabal Qāssyūn	جبل قاسيون
Jāmi' at-Tekkiye	جامع التكية
Jāmi' Shaikh Muhī ad-Dīn	جامع الشيخ محي الدين
Kanīse al-Qadīs Hanāniyā	كنيسة القديس حنانيا
Khān As'ad Pasha	خان أسعد باشا
Le Chevalier (Restaurant)	مطعم الفرسان
Madrase al-Jaqmaqiye	مدرسة الجقمقية
Maqhā al-Hijāz (Kaffeehaus)	مقهى الحجاز
Maktab 'Anbar	مكتب عنبر
Mat'am an-Nadwa (Restaurant)	مطعم الندوة
Mat'am Sahlūl (Restaurant)	مطعم سحلول (ساحة المرجة)
Muhatta al-Hijāz (Hijāzbahnhof)	محطة الحجاز
Nādī al-'Ummāl (Restaurant)	نادي العمال (وراء سينما السفراء)
Nationalmuseum	المتحف الوطني
Omayad (Hotel)	فندق أمية
Omayyadenmoschee (Große Moschee)	الجامع الاموي (جامع الكبير)
Omayyad Palace (Restaurant)	مطعم القصر الاموي

Palais des Nobles (Restaurant) … مطعم قصر النبلاء

Qasr al-'Azem … قصر العظم

Ramsis (Hotel) … فندق رمسيس

Saidnāyā … صيدنايا

Stadtmuseum … متحف دمشق التأريخي

Sūq al-Juma'/Sālihiye … سوق الجمعة/حي الصالحية

Zaitūna (Restaurant) … مطعم زيتونة

Dar'ā … درعا

Ash-Sharq (Hotel) … فندق الشرق

Buhairet Mzairīb … بحيرة مزيريب

Shallālāt Tell Shahāb … شلالات تل شهاب

Shallālāt Zaizūn … شلالات زيزون

Hamā … حماة

Al-Bustān (Restaurant) … مطعم البستان

An-Nādi al-'Ailī (Restaurant) … مطعم النادي العائلي

Apamea Cham Palace (Hotel) … فندق أفاميا الشام

Apameia (Ruinenstätte) … أفاميا (أثار قلعة المضيق)

Ar-Rauda (Restaurant) … مطعم الروضة

Ar-Riyād (Hotel) … فندق الرياض

Café al-Mamūriye … مقهى المامورية

Cairo (Hotel) … فندق القاهرة

Jāmi' an-Nūrī … جامع النوري

Nā'ūra al-Jisriye … ناعورة الجسرية

Nā'ūra an-Nūriye … ناعورة النورية

Nawā'īr al-Arba' … نواعير الاربع

Nawā'īr al-Mamūriye … نواعير المامورية

Noria (Hotel) … فندق النواعير

Qasr al-'Azem … قصر العظم

Qasr Ibn Wardān … قصر إبن وردان

Sultān (Restaurant) … مطعم السلطان

Homs … حمص

Al-Ahrām (Restaurant) … مطعم و مقصف الاهرام

An-Nasr al-Jadīd (Hotel) … فندق النصر الجديد

Dīk al-Jann (Restaurant) … مطعم و مقصف ديك الجن

Grand Hotel Homs … فندق حمص الكبير

Jāmi' Khālid Bin Walīd … جامع خالد بن وليد

Kanīse Mār Ilyān … كنيسة مار إليان

Qasr az-Zihrāwī … قصر الزهراوي

Raghdān (Hotel) … فندق رغدان

Safīr (Hotel) … فندق سفير

Idlib/Arīhā … إدلب و أريحا

Abū Artīn (Hotel) … فندق ابو أرتين

Al-Bāra … البارة

Ar-Ruwaiha … الرويحة

Ebla … إيبلا

Jerāde … جرادة

Ma'aret an-Nu'mān … معرة النعمان

Shinshāra … شنشارة

Sirjīla … سرجيلة

Ma'lūlā	معلولا
Safir (Hotel)	فندق سفير
Palmyra/Tadmur	تدمر
An-Nakhīl (Hotel)	فندق النخيل
Heliopolis (Hotel)	فندق هليوبوليس
Palmyra Cham Palace (Hotel)	فندق تدمر الشام
Qasr al-Hair al-Gharbī	قصر الحير الغربي
Qasr al-Hair ash-Sharqī	قصر الحير الشرقي
Tadmur as-Siyāhī (Restaurant)	مطعم تدمر السياحي
Tower (Hotel)	فندق البرج
Villa Palmyra (Hotel)	فيللا با ميرا
Zenobia (Hotel)	فندق زنوبيا
Raqqa	الرقة
Al-Karnak as-Siyāhī (Hotel)	فندق الكرنك السياحي
Ar-Rasāfa	الرصافة
Qal'at Ja'bar	قلعة جبر
Safītā	صا فيتا
Al-Qanātir (Restaurant)	مطعم القناطر
Borj Sāfitā (Hotel)	فندق برج صا فيتا
Crac des Chevaliers	قلعة الحصن
Safita Cham Palace (Hotel)	فندق صا فيتا الشام
Spiro Pizza (Restaurant)	مطعم بيتزا سبيرو
Wādī al-'Uyūn	وا دي العيون
Tartūs	طرطوس
Al-Ahlām (Restaurant)	مطعم الاحلام
'Amrīt	عمريت
Kathedrale Notre Dame	الكا تدرا ئية
Kleopatra (Hotel)	فندق كليوبا ترا
Nādī al-Muhandisīn (Restaurant)	مطعم نا دي المهندسين
Qal'at al-Marqab	قلعة المرقب
Shahīn (Hotel)	فندق شاهين
Tartous Grand Hotel	فندق طرطوس الكبير
Wichtige Begriffe	من فضلك إين ....
Bahnhof	محطة القطار
Busbahnhof	مركز انطلاق اوتوبيسات
Commercial Bank of Syria	المصرف التجاري السوري
Damentoilette	مرحاض السيدات
Flughafen	المطار
Herrentoilette	مرحاض الرجال
Museum	المتحف
Passbehörde Hijra wa Jawāzāt	دائرة الهجرة و الجوازات
Polizeistation	مخفر الشرطة
Postamt	مكتب البريد
Staatliche Busgesellschaft Karnak	مكتب الحجز لشركة الكرنك للنقل
Sūq	السوق
Taxi	أجرة/ تكسي
Telefonzentrale	مركز الهاتف
Tourist Information	مركز إستعلامات سياحي

Sprechen und Verstehen ganz einfach

Zur Erleichterung der Aussprache sind alle englischen Wörter mit einer einfachen Aussprache (in eckigen Klammern) versehen. Folgende Zeichen sind Sonderzeichen:

ə nur angedeutetes »e« wie in bitte
θ [s] gesprochen mit der Zungenspitze zwischen den Zähnen

AUF EINEN BLICK

Ja./Nein.	Yes. [jäs]/No. [nəu]
Vielleicht.	Perhaps. [pə'häps]/Maybe. ['mäibih]
Bitte.	Please. [plihs]
Danke.	Thank you. ['θänkju]
Vielen Dank!	Thank you very much. ['θänkju 'wäri 'matsch]
Gern geschehen.	You're welcome. [joh 'wälkəm]
Entschuldigung!	I'm sorry! [aim 'sori]
Wie bitte?	Pardon? ['pahdn]
Ich verstehe Sie/dich nicht.	I don't understand. [ai dəunt andə'ständ]
Ich spreche nur wenig …	I only speak a bit of … [ai 'əunli spihk ə'bit əw …]
Können Sie mir bitte helfen?	Can you help me, please? ['kən ju 'hälp mi plihs]
Ich möchte …	I'd like … [aid'laik]
Das gefällt mir (nicht).	I (don't) like it. [ai (dəunt) laik‿it]
Haben Sie …?	Have you got …? ['həw ju got]
Wie viel kostet es?	How much is it? ['hau'matsch is it]
Wie viel Uhr ist es?	What time is it? [wot 'taim is it]

KENNENLERNEN

Guten Morgen!	Good morning! [gud 'mohning]
Guten Tag!	Good afternoon! [gud ahftə'nuhn]
Guten Abend!	Good evening! [gud 'ihwning]
Mein Name ist …	My name is … [mai näims …]
Wie ist Ihr/Dein Name?	What's your name? [wots joh 'näim]
Wie geht es Ihnen/dir?	How are you? [hau 'ah ju]
Danke. Und Ihnen/dir?	Fine thanks. And you? ['fain θänks, ənd 'ju]
Es freut mich, Sie kennenzulernen.	Pleased to meet you. ['plihsd tə 'miht ju]
Auf Wiedersehen!	Goodbye!/Bye-bye! [gud'bai/bai'bai]
Tschüss!	See you!/Bye! [sih ju/bai]
Bis bald!	See you soon! [sih ju 'suhn]

UNTERWEGS

Auskunft

links/rechts	left [läft]/right [rait]
geradeaus	straight on [sträit 'on]
nah/weit	near [niə]/far [fah]
Bitte, wo ist …?	Excuse me, where's …, please? [iks'kjuhs 'mih 'weəs … plihs]
Bushaltestelle	bus-stop [bʌs-stop]
Hafen	harbour ['ha:ba(r)]
Flughafen	airport ['eəpoht]
Wie weit ist das?	How far is it? ['hau 'fahr‿is‿it]
Ich möchte … mieten.	I'd like to hire … [aid'laik tə 'haiə]
… ein Auto	… a car [ə 'kah]
… ein Fahrrad	… a bike [ə 'baik]

Panne

Ich habe eine Panne.	My car's broken down. [mai 'kahs 'brəukn 'daun]
Der Wagen springt nicht an.	The car won't start.
Können Sie mal nachsehen?	Could you have a look? ['kud‿ju 'häw‿ə 'luk]
Die Batterie ist leer.	The battery is flat. [θə 'bätəri is flät]
… ist/sind defekt.	… is/are faulty. [… is/ah 'fohlti]
Gibt es hier in der Nähe eine Werkstatt?	Is there a garage nearby? ['is θeə‿ə 'gärahdsch 'niərbai]

Tankstelle

Wo ist die nächste Tankstelle?	Where's the nearest petrol station? ['weəs θə 'niərist 'pätrəlstäischn]
Ich möchte … Liter …	… litres of … ['lihtəs əw]
… Normalbenzin.	… three-star, ['θrihstah]
… Super.	… four-star, ['fohstah]
… Diesel.	… diesel, ['dihsl]
… bleifrei/verbleit.	… unleaded/leaded, please. [an'lädid/'lädid plihs]
Voll tanken, bitte.	Full, please. ['ful plihs]

Unfall

Hilfe!	Help! [hälp]
Achtung!	Attention! [ə'tänschn]
Vorsicht!	Look out! ['luk 'aut]
Rufen Sie bitte …	Please call … ['plihs 'kohl]
… einen Krankenwagen.	… an ambulance. [ən 'ämbjuləns]
Haben Sie Verbandszeug?	Have you got a first-aid kit? [həw ju got ə‿'föhst'äid kit]
Es war meine Schuld.	It was my fault. [it wəs 'mai 'fohlt]
Es war Ihre Schuld.	It was your fault. [it wəs 'joh 'fohlt]
Geben Sie mir bitte Ihren Namen und Ihre Anschrift.	Please give me your name and address! [plihs giw mi joh 'näim ənd ə'dräs]

ESSEN/UNTERHALTUNG

Wo gibt es hier …	Is there … here? ['is θeər … 'hiə]
… ein gutes Restaurant?	… a good restaurant [ə 'gud 'rästərohng]
… ein typisches Restaurant?	… a restaurant with local specialities [ə 'rästərohng wiθ 'ləukl ‚späschi'älitis]
Reservieren Sie uns bitte für heute Abend einen Tisch für 3 Personen.	Would you reserve us a table for three for this evening, please? ['wud ju ri'söhw əs ə 'täibl fə 'θrih fə θis 'ihwning plihs]
Was können Sie mir empfehlen?	What can you recommend? ['wot kən‿ju räkə'mänd]
Auf Ihr Wohl!	Cheers! [tschiəs]
Bezahlen, bitte.	Could I have the bill, please? ['kud ai häw θə 'bil plihs]
Haben Sie einen Veranstaltungskalender?	Have you got a diary of events? [həw ju got‿ə 'daiəri‿əw i'wänts]

EINKAUFEN

Wo finde ich …?	Where can I find …? ['weə 'kən‿ai 'faind …]
Apotheke	chemist's [kämists]
Bäckerei	baker's [bäikəs]
Fotoartikel	photographic materials [‚fəutə'gräfik mə'tiəriəls]
Kaufhaus	department store [di'pahtmənt stoh]
Lebensmittelgeschäft	food store ['fuhd stoh]
Markt	market ['mahkit]

ÜBERNACHTUNG

Können Sie mir bitte … empfehlen?	Can you recommend …, please? [kən ju ‚räkə'mänd … plihs]
… ein Hotel	… a hotel [ə həu'täl]
Ich habe bei Ihnen ein Zimmer reserviert.	I've reserved a room. [aiw ri'söhwd‿ə 'ruhm]
Haben Sie noch …	Have you got … [həw ju got]
… ein Doppelzimmer	… a double room [ə 'dabl ruhm]
… mit Dusche/Bad?	… with a shower/bath? [wiθ ə 'schauə/'bahθ]
… für eine Nacht?	… for one night? [fə wan 'nait]
… für eine Woche?	… for a week? [fə ə 'wihk]
Kann ich das Zimmer ansehen?	Can I see the room? [kən ai 'sih θə 'ruhm]
Wann gibt es Frühstück?	What time's breakfast? ['wot‿taims 'bräkfəst]
Was kostet das Zimmer mit …	How much is the room with … ['hau 'matsch is θə ruhm wiθ]
… Frühstück?	… breakfast? ['bräkfəst]

Können Sie mir einen guten Arzt empfehlen?	Can you recommend a good doctor? [kən ju ‚räkə'mänd ə gud 'doktə]
Geben Sie mir bitte etwas gegen …	Can you give me something for …! ['kən ju giw mi 'samθing fə …]
Ich habe hier Schmerzen.	I've got pain here. [aiw got päin 'hiə]
Wo ist hier bitte …	Where's the nearest … [weəs θə 'niərist]
… eine Bank?	… bank? [bänk]
… eine Wechselstube?	… exchange-office? [iks'tschäinsch‿ofis]
Auf welchen Betrag kann ich den Scheck maximal ausstellen?	What's the maximum I can cash on one cheque? ['wots θə mäksiməm‿ai kən ‚käsch‿on 'wan tschäk]
Ich möchte … DM (Schilling, Schweizer Franken) wechseln.	I'd like to change … Marks (Austrian shillings, Swiss francs). [aid laik tə tschäinsch … 'mahks ('ostriən 'schillings/ 'swis 'fränks)]
Was kostet …	How much is … ['hau 'matsch is]
… ein Brief …	… a letter … [ə 'lätə]
… eine Postkarte …	… a postcard … [ə pəustkahd]
Briefmarke	stamp [stämp]
Kleingeld	change [tschäinsch]
Kurs	rate of exchange ['räit‿əw iks'tschäinsch]
Hauptpostamt	main post office ['mäin 'pəust ofis]

Zahlen

0	zero, nought [siərəu, noht]	19	nineteen [‚nain'tihn]
1	one [wan]	20	twenty ['twänti]
2	two [tuh]	21	twenty-one [‚twänti'wan]
3	three [θrih]	30	thirty ['θöhti]
4	four [foh]	40	forty ['fohti]
5	five [faiw]	50	fifty ['fifti]
6	six [siks]	60	sixty ['siksti]
7	seven ['säwn]	70	seventy ['säwnti]
8	eight [äit]	80	eighty ['äiti]
9	nine [nain]	90	ninety ['nainti]
10	ten [tän]	100	a (one) hundred ['ə (wan) 'handrəd]
11	eleven [i'läwn]		
12	twelve [twälw]	1000	a (one) thousand ['ə (wan) 'θausənd]
13	thirteen [θöh'tihn]		
14	fourteen [‚foh'tihn]	10000	ten thousand ['tän 'θausənd]
15	fifteen [‚fif'tihn]		
16	sixteen [‚siks'tihn]	1/2	a half [ə 'hahf]
17	seventeen [‚säwn'tihn]	1/4	a (one) quarter ['ə (wan) 'kwohtə]
18	eighteen [‚äi'tihn]		

Reiseatlas Syrien

Die Seiteneinteilung für den Reiseatlas finden Sie auf dem hinteren Umschlag dieses Reiseführers

Motorway Autobahn		Autoroute Autópálya
Motorway projected Autobahn geplant		Autoroute en projet Tervezett autópálya
Expressway Autostrasse		Route principale à chaussées séparées Gyorsforgalmi út
International and national main road Internationale und regionale Fernverkehrsstrasse		Route de transit internationale et régionale Nemzetközi és országos főút
Other road; frontier crossing Nebenstrasse; Grenzübergang		Autre route; passage de la frontière Egyéb út; határátlépő
Road without surface Strasse ohne Belag		Route sans revêtement Burkolat nélküli út
Earth road Erdweg		Route en sol naturel Földút
Railway Eisenbahn		Chemin de fer Vasút
Railway under construction Eisenbahn im Bau		Chemin de fer en construction Épülő vasút
International-; Provincial boundary Staats-; Provinzgrenze		Frontière d'État; Limite de province Államhatár; Tartományhatar
National park boundary Nationalparkgrenze		Limite de parc national Nemzeti park határa
Salt lake; saline marsh Salzsee; Salzsumpf		Lac salé; marais salé Sós tó; sósmocsár
Well; Oasis Brunnen; Oase		Point d'eau; Oasis Kút; Oázis
Filling station; post-office Tankstelle; Post		Poste d'essence; poste Benzinkút; posta
International airport; airport Internationaler Flughafen; Flughafen		Aéroport international; aéroport Nemzetközi repülőtér; repülőtér
Important port; lighthouse Wichtiger Hafen; Leuchtturm		Port important; phare Fontos kikötő; világítótorony
Castle; ruin Burg, Schloss; Ruine		Château; ruine Vár, kastély; rom
Historic ruins Antike Ruinenstätte		Ruines antiques Antik rom, romváros
Church; monastery Kirche; Kloster		Église; monastère Templom; kolostor
Mosque Moschee		Mosquée Mecset
Place of interest Sehenswürdigkeit	Tadmur (Palmyra)	Curiosité touristique Idegenforgalmi látnivalók
Holiday resort; Hotel Ferienort; Hotel	H	Village de vacances; Hôtel Üdülőhely; Szálloda
Camping; motel Campingplatz; Motel	C M	Camping; motel Kemping; motel

A
B
C
1
2
3
4
5
6
TÜRKİYE
Sarımazı
Yeşilkent
Narlık
Yumurtalık
Yumurtalık-İsk.
Yumurtalık K.
İskenderun Körfezi
Dörtyol
Yakacık
Bozdağ 2240
Hassa
Tahtaköprü Barajı
Maydan Ikbis
Güvenç
Nur Dağları
İSKENDERUN
Değirmenbaşı
Belen
Kırıkhan
Gelinekirli
Abalaklı
Yalankoz
Muratpaşa
İçel
Soğukoluk
Topboğazı
Bakras Kalesi
Uluçınar
Arsuz
Akıncı Burnu
Kızıl Dağ 1795
Musa Dağı 1281
Serinyol
Amik Gölü
Kumlu
Hamam
Reyhanlı
Cilvegözü
Asi Nehri
Afrin Suyu
Karasu
Hıdırbey
ANTAKYA
Teknepınar
Çevlik
Mağaracık
Samandağ
Harbiye
Karaçay
Sinanlı
Ziyaret Dağı
Altınözü
Şenköy
Babatorun
Boşin
Harim
Kalb Loze
Jabal Barisha
Salqin
Kafr Takharim
Killī
Taftanaz
Idlib
Yeditepe
Karbeyaz
Kışlak
Darkush
Kassab
Yayladağı
Qanayah
Hammam ash Shaykh Isa
Jabal al-Aqra
Al Basit
Qastal Mu'af
Jisr ash Shughur
Jabal az Zawiyah
Ariha
Ar-Ruwaiha
Muhanbal
Jabal al-Arba'in
Firkaya
Al Dana
Dayr Sunbul
Al Barah
Serdjilla
Ma'arrat
Kafr Nabl
Hazzarin
Has
Ash Shabatliyah
Kinaddah
Salma
Qal'at Salahaddin
Qal'at Burzay
Al Haffah
Slinfah
'Ayn at Tinah
Muzayri'ah
Jubet al-Burghal
Ugarit
AL LADHIQIYAH (LATAKIA)
Fakhurah
Qal'at al Mahalibah
Al Qarandah
Qal'at Bani Qahtan
Bkarrama
Jablah
Tarabulus
'Ayn ash Sharqiyah
Arab al Mulk
Al Ghab
Sahiliyah
Apameia
Qal'at al Madiq
Khan Shaykhun
Suqaylabiyah
Kafr Zayta
Murak
Qal'at Sheizar
Shayzar
Nahr al Asi
E91
E98
817
825
827
420
60
60a
56
30
M3
M5
116

D
E
F
K I Y E
Polateli
Gülbahar T.
1021
An-Nabī Hurī/ Cyrrhus
Kilis
Öncüpınar
A'zāz
Oğuzeli
Sazgin
Kaleköy
Yolağ
Doğanpınar
Büyükkaracaören
Akçakoyunlu
Bawz Hüyük
Elbeyli
Çobanbey
Arra'je
Qanţarah
Sandi
Halisā al Kabirah
Ajami
Qabbāsīn
Ain Dara
Tall Rif'at
Māri'
Nubl
Kharab Shams
Qal'at Seman
Muslimiyah
Halisah
Al Bāb
Abu Kh
'Ayn al Jiḥāsh
Za'rāyā
Mushabbak
HALAB (ALEPPO)
Nayrab
Jibrīn
Dayr Ḥāfir
Jabbūl
As Safīrah
Sabkhat al Jabbūl
Qinnasrin
Jabal al Ḥaşş
Jabal Ḥaşş
638
Sabkhat Rasm al Arwām
Tall ad Qamān
Khanāşir
Ar Rubayl
Abū'ad Ḍuhūr
Wadi Madrasah
Bi'r al Ḥammām
Siniār
Khirbat al Andarin
Ḥamdāniyah
Al Hamrā
Qaşr Ibn Wardan
Khirbat Isriyah
Bi'r Thurayya
10 km
10 mi
1
2
3
4
5
6

117

A
B
C
Kara Dağ
Suruç
835
Mürşitpınar
T
Ü
Yolağzı
Barak
Jarabulus
Ayn al 'Arab
Şalib
Arsalan Ţash
Şehit Nusretbey
Shuyukh Fawqani
Tall Ahmar
216
Akçak
Dibrak Shaykhan
Khushkar
Dayyil
Dadat
Nahr al Furat
Qal'at Najm
Khan Mamit
Zannubah
Manbij
Rasm al Mashrafah
Mizghana
M4
Kuramaz
Abu Du'an
Bi'r ad Damm
Dulq Maghar
Abu Khattai
Minhal as Sallai
Tall al Hudan
Khafsah
Bash Dulki
Ruwayyan
Maskanah
Buhayrat al Asad
Madinat al Fa'r
Dibsi Faraj
Qal'at Jabir
Makhfar al-Hammam
As Saddayn
Al-Mansur
Madinat ath Thawrah
Al 'Anz
Wadi Shatnat al Mityahah
Wadi Shatnat Nabaj
Ar Rusafah
Wadi Shatnat aş Şahariij
Bi'r an Nabaj
Wadi al 'Uruqat
Ar
rayya

118

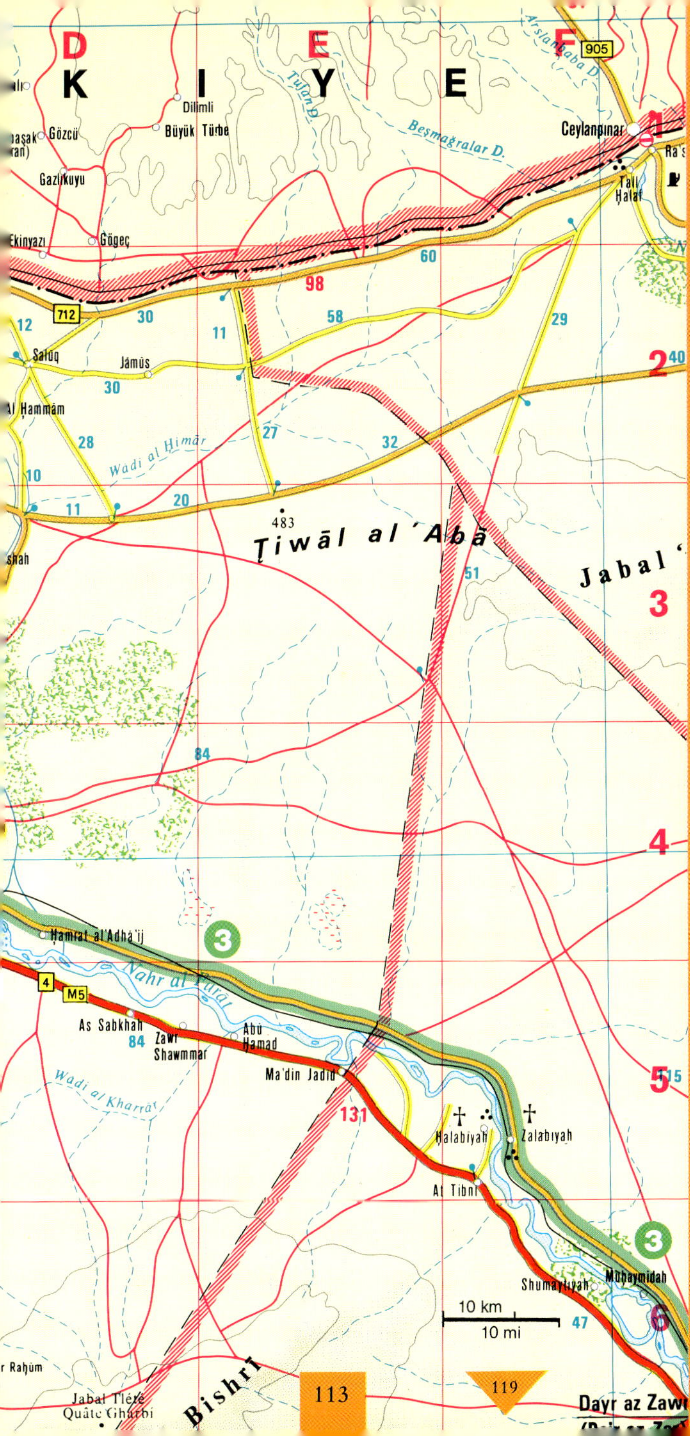
D
E
F
K I Y E
905
Arslanbaba D.
Tuljan D.
Dilimli
Gözcü
Büyük Türbe
Beşmağralar D.
Ceylanpınar
1
Ra's
Gazlıkuyu
Tall Halaf
Ekinyazı
Göğeç
60
98
712
30
58
29
12
11
Salūq
Jāmūs
2
40
30
Al Hammām
27
32
28
Wadi al Himār
10
11
20
483
Ṭiwāl al ʻAbā
51
Jabal
3
84
4
Ḥamrat al'Adhā'ij
3
Nahr al Furāt
4
M5
As Sabkhah
Zawr Shawmmar
Abū Ḥamad
84
Ma'din Jadīd
5
115
Wadi al Kharrār
131
Ḥalabīyah
Zalabīyah
At Tibnī
3
Muhaymidah
Shumaytīyah
10 km
10 mi
47
6
ar Raḥūm
Jabal Tlété Quâtc Ghurbi
Bishri
Dayr az Zawr

119

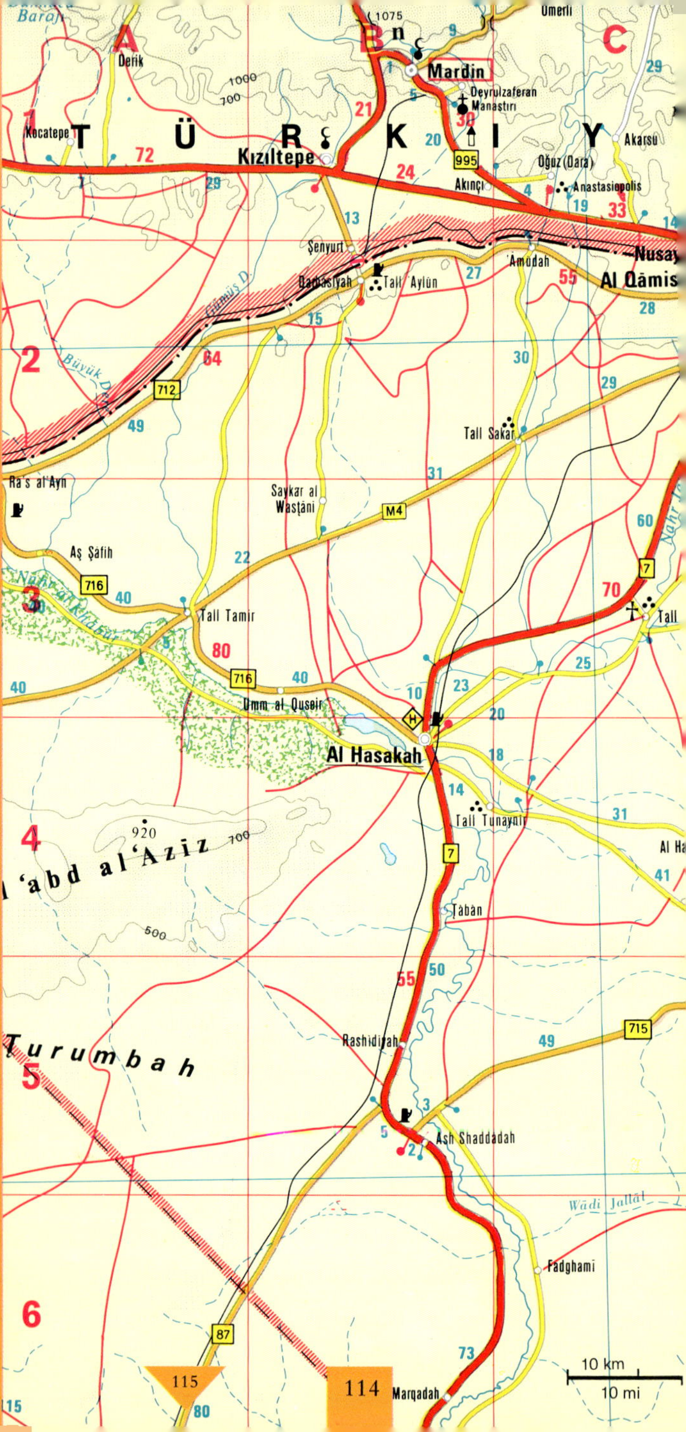

A
B
C
1
2
3
4
5
6
Baraj
Derik
Ömerli
1075
Mardin
Deyrulzaferan Manastırı
Kocatepe
T Ü R K İ Y
Kızıltepe
Akarsu
Oğuz (Dara)
Akıncı
Anastasiopolis
995
1000
700
Şenyurt
Nusay
Dabasiyah
Tall 'Aylūn
'Āmūdah
Al Qāmis
Gümüş D.
Büyük D.
712
64
49
Tall Sakar
Ra's al'Ayn
Saykar al Wastāni
M4
Aş Şāfih
716
Nahr al Khābūr
Tall Tamir
80
Umm al Quseir
Al Hasakah
Nahr Ja
7
70
Tall
Tall Tunaynir
Al Ha
920
'abd al 'Aziz
500
Tābān
Turumbah
Rashidiyah
715
Ash Shaddadah
Wādī Jallāl
Fadghamī
87
Marqadah
10 km
10 mi

115

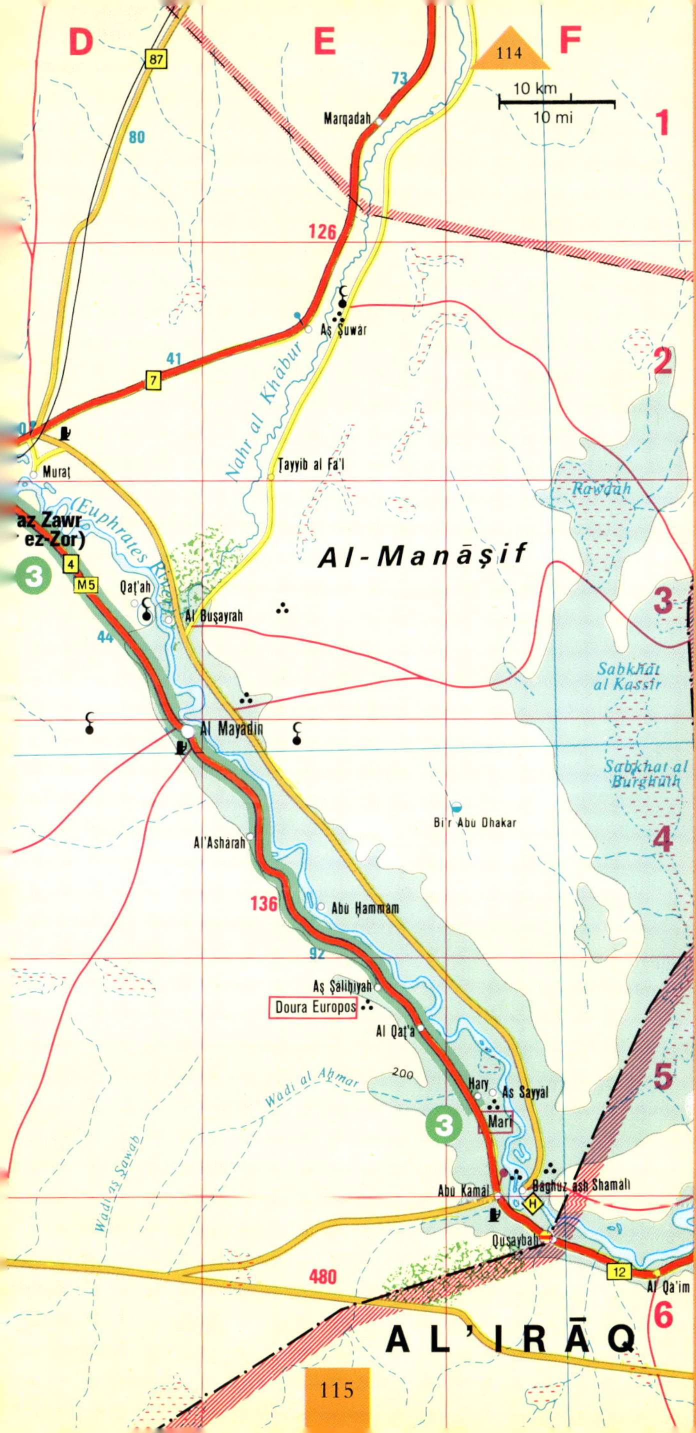
D
E
F
114
10 km
10 mi
1
2
3
4
5
6
87
80
73
Marqadah
126
Aş Şuwar
41
7
Nahr al Khābur
Murat
Ţayyib al Fa'l
az Zawr
ez-Zor)
(Euphrates River)
4
M5
3
Qaţ'ah
Al Buşayrah
Al-Manāşif
Rawdah
Sabkhat al Kassir
Sabkhat al Burghūth
44
Al Mayadin
Bi'r Abū Dhakar
Al'Asharah
136
Abū Hammam
92
Aş Şalihiyah
Doura Europos
Al Qaţ'a
Wadi al Ahmar
200
Hary
As Sayyal
Mari
3
Wadi as Sawab
Abū Kamal
Baghuz ash Shamali
H
Qusaybah
12
Al Qa'im
480
AL'IRĀQ

Jablah
Qal'at Bani Qahtan
Bkarrama
Shaykhun
Shuqaylabiyah
Kafr Zaytā
Mūrak
'Ayn ash Sharqiyah
'Arab al Mulk
Qal'at Sheizar
Shayzār
Al 'Asharinah
Orontes River
Muḥradah
Ad Dālī
Abū Qubays
Bāniyās
Qusaybah
Qal'at 'Ullayqah
Qal'at Al Marqab
Al Qadmūs
Qal'at al Kahf
Dair as-Sulaib
Maṣyāf
Kafr Buhum
Husain al-Bahr
As Sawda'
Wādī al 'Uyūn
Ayn al Bayḍā
Ḥamīn
Bīrīn
Shaikh Badr
Ḥiṣn Sulaymān
Ṭarṭūs
'Amrīt
Duraykīsh
Zurayb
Kafrūn Bashūr
Dair Mār Jurjus
Tall Daww
Ṣāfītā
Krak des Chevaliers
Qal'at al Ḥiṣn
Khirbat al Ma'zah
Qal'at al 'Uraymah
Ṭārīn
Al Ḥamīdīyah
Tall Kalakh
Mashtā Ḥammūd
Buḥayrat Qaṭṭinah
Buḥayrat Ḥimṣ
Al Lādhiqiyah
Ḥalbā
Al Bīrah
Tall an Nabi Mindū
Jabal Akrūm
TARĀBULUS (TRIPOLI)
'Akkār al 'Atīqah
Al Qubayyāt
Al Quṣayr
Brayṣah
Zgharta
Sīr aḍ Ḍinniyah
Al Hirmil
AL LUBNĀN
Kfar Amyūn Aqqa
Ihdin
Qurnat as Sawdā'
Bsharrī
Ra's Ba'labakk
Ḥarbatā
Al Fākyah
'Irsāl
Al 'Aqūrah
'Aynātā
Dayr al Aḥmar
Qārah
(LEBANON)
Qarṭaba
Jabal Lubnān (Lebanon Mountains)
Jabal Lubnān ash Sharqī (Anti-Lebanon)
Kafr Dān
Ba'labakk
Dayr 'Aṭīyah
Farayyā
An Nabk
Shmistār
Yabrūd
Riyāq
Zahlah
Valley of Bekaa
Majarr al 'Asal
Jabal Sumajkāt
Ma'lūlā
Sirghāyā
Jub'adīn
Barr Iliyās
Rankūs
Blūdān
Ar Ruḥaybah
Shinshār
Talbīsah
Ar Rastan

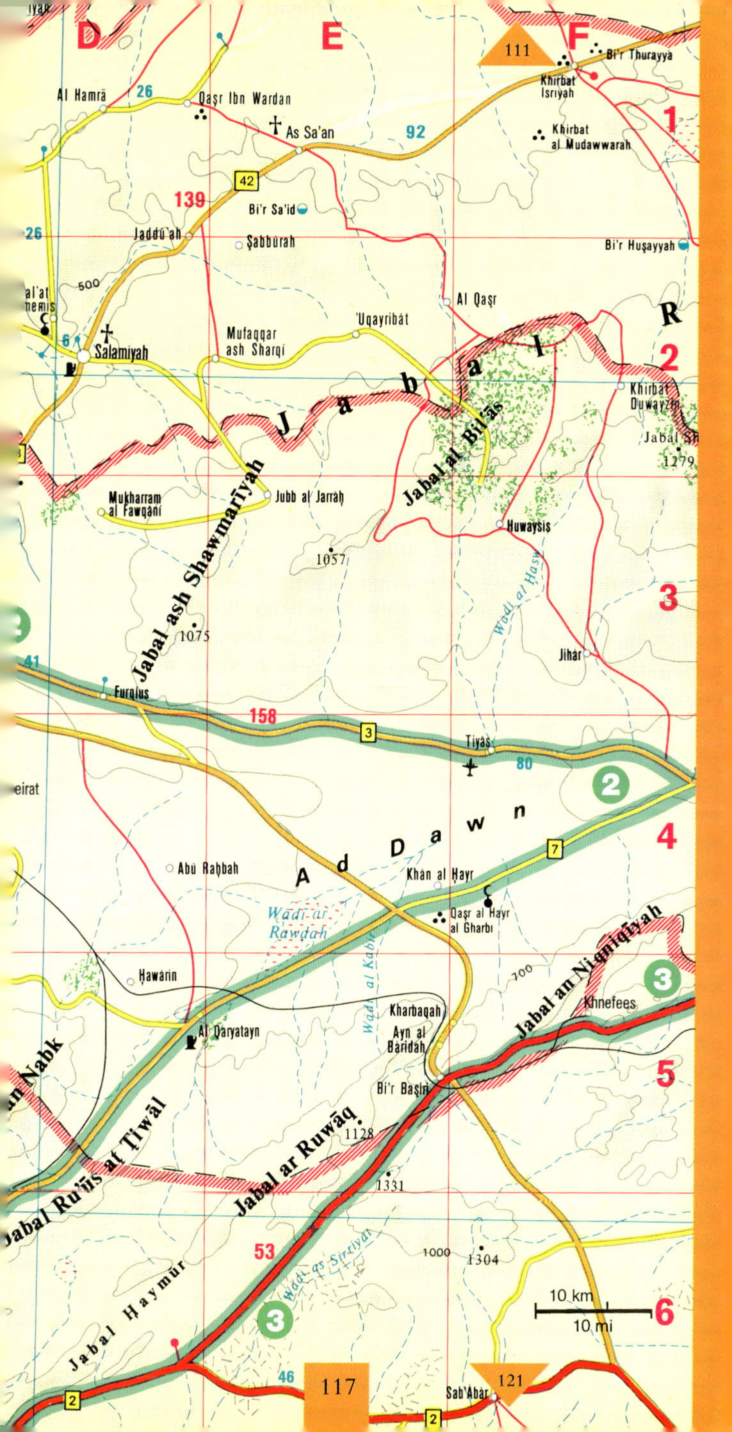
D
E
F
111
Bi'r Thurayya
Khirbat Isriyah
1
Al Hamrā
26
Qaşr Ibn Wardan
As Sa'an
92
Khirbat al Mudawwarah
42
139
Bi'r Sa'id
Jaddū'ah
Şabbūrah
Bi'r Huşayyah
500
Al Qaşr
R
'Uqayribāt
Mufaqqar ash Sharqī
Salamiyah
2
Jabal
Khirbat Duwayzīn
Jabal al Bilās
1279
Mukharram al Fawqānī
Jubb al Jarrāḥ
Jabal ash Shawmarīyah
Huwaysis
1057
Wādī al Ḥasw
3
1075
Jihār
41
Furqlus
158
3
Tiyās
80
2
4
Ad Dawn
7
Abū Raḥbah
Khān al Ḥayr
Qaşr al Ḥayr al Gharbī
Wādī ar Rawḍah
Jabal an Niqniqīyah
700
Ḥawārīn
Wādī al Kabīr
3
Khnefees
Kharbaqah
Al Qaryatayn
Ayn al Bāridah
5
Bi'r Başīrī
1128
Jabal Ru'ūs aṭ Ṭiwāl
Jabal ar Ruwāq
1331
53
1000
1304
Wādī as Sirīyān
10 km
10 mi
6
3
Jabal Ḥaymūr
46
2
117
121
Sab'Ābār
2

112

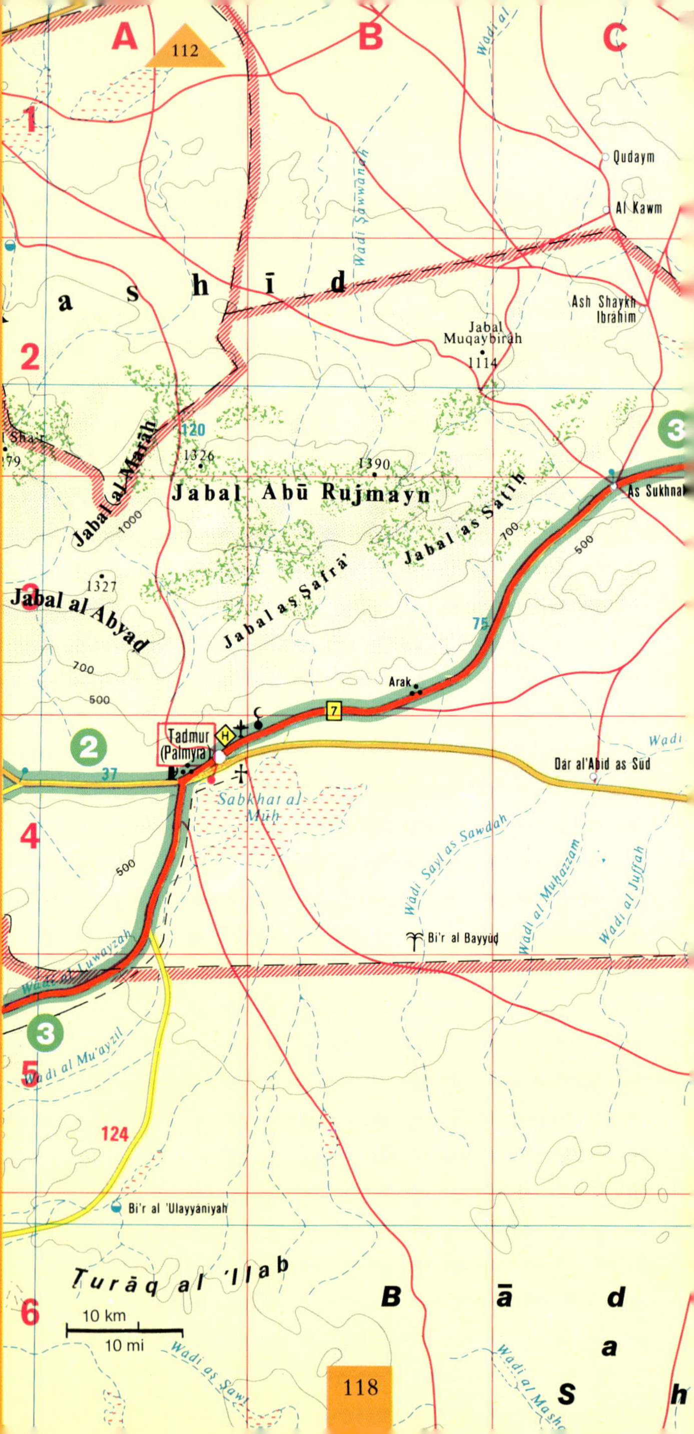
A
B
C
1
2
3
4
5
6
Qudaym
Al Kawm
Wadi al
Wadi Ṣawwanah
a s h ī d
Ash Shaykh Ibrāhīm
Jabal Muqaybirah
1114
120
1326
1390
Jabal al Marāh
Jabal Abū Rujmayn
Jabal as Satiḥ
As Sukhnah
1000
700
500
1327
Jabal al Abyad
Jabal as Ṣafrā'
75
Arak
7
Tadmur (Palmyra)
H
37
Wadi
Dār al'Abid as Sūd
Sabkhat al Mūh
Wadi Sayl as Sawdah
Wadi al Muhazzam
Wadi al Juffah
Bi'r al Bayyūḍ
Wadi al Luwayzah
Wadi al Mu'ayzil
124
Bi'r al 'Ulayyāniyah
Turāq al 'Ilab
B ā d a S h
10 km
10 mi
Wadi as Sawr
Wadi al Masho

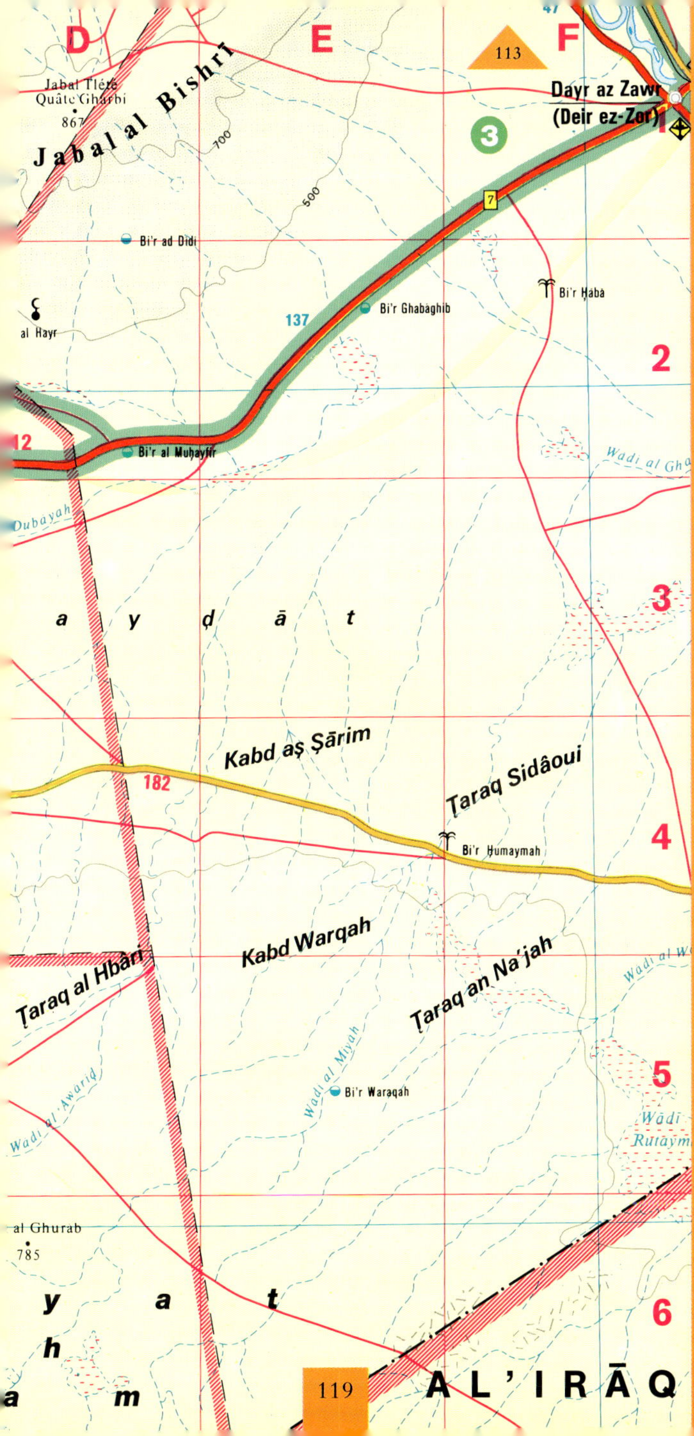
D
E
F
113
Jabal Tlété
Quâte Gharbi
867
Jabal al Bishrī
700
500
Dayr az Zawr
(Deir ez-Zor)
3
7
Bi'r ad Didi
al Hayr
137
Bi'r Ghabāghib
Bi'r Ḥabā
2
12
Bi'r al Muḥayfir
Wadi al Gha
Dubayah
a y ḍ ā t
3
Kabd aş Şārim
Ţaraq Sidâoui
182
Bi'r Ḥumaymah
4
Kabd Warqah
Ţaraq al Hbâri
Ţaraq an Na'jah
Wadi al W
Wadi al Miyah
Bi'r Waraqah
5
Wadi al 'Awarid
Wādī Rutaym
al Ghurab
785
y a t
h
a m
6
AL'IRĀQ

116

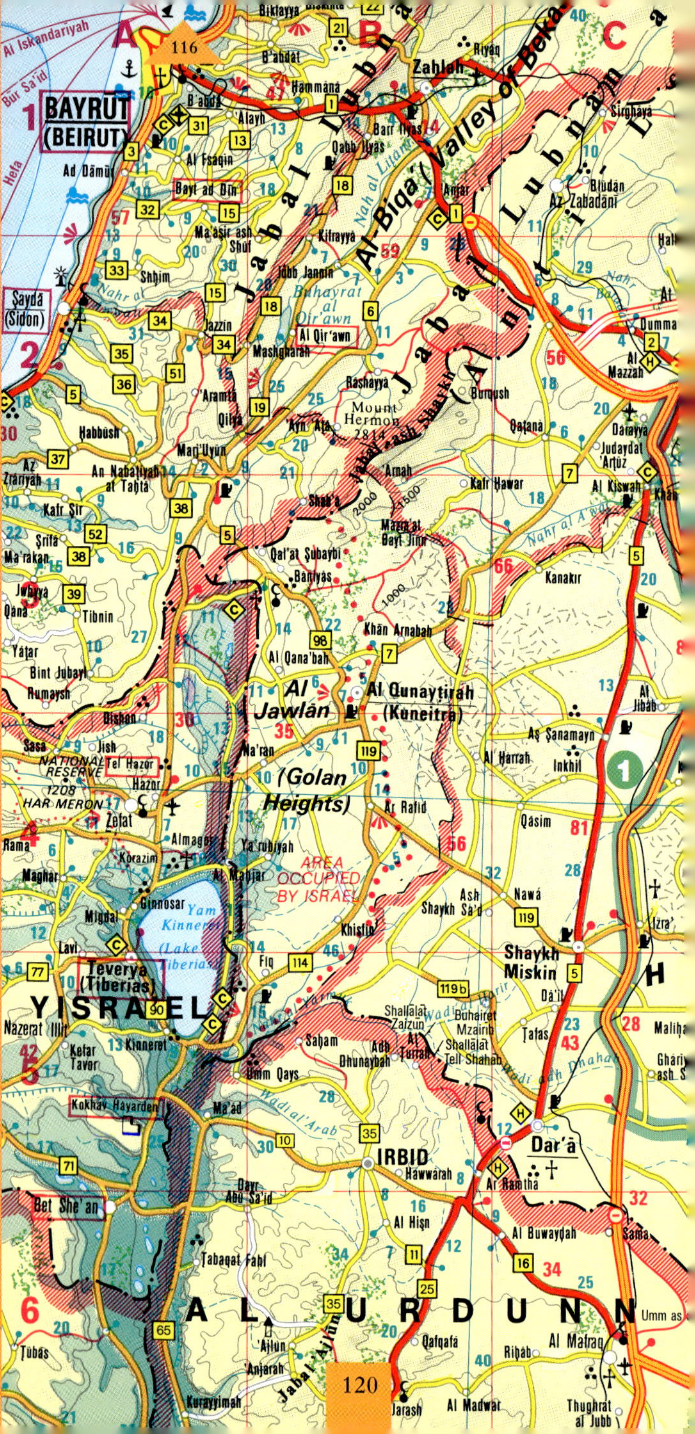

BAYRUT
(BEIRUT)
Al Iskandariyah
Bur Sa'id
Hefa
B'abda
'Alayh
Hammana
Biktayya
B'abdat
Zahlah
Riyaq
Barr Ilyas
Qabb Ilyas
Ad Damur
Al Fsaqin
Bayt ad Din
Ma'asir ash Shuf
Shhim
Kifrayya
Jubb Jannin
Buhayrat al Qir'awn
Al Qir'awn
Jazzin
Mashgharah
Sayda
(Sidon)
Nahr al Litani
Al-Biqa' (Valley of Beka'a)
Jabal Lubnan
Jabal Lubnan ash Sharqi
'Anjar
Sirghaya
Bludan
Az Zabadani
Rashayya
Mount Hermon
2814
Jabal ash Shaykh
Burqush
Qatana
Darayya
Judaydat 'Artuz
Al Mazzah
Dummar
Al Kiswah
Habbush
An Nabatiyah at Tahta
Az Zrariyah
Kafr Sir
Srifa
Ma'rakah
Jwayya
Qana
Tibnin
Yatar
Bint Jubayl
Rumaysh
Marj'Uyun
Qilya
'Aramta
'Ayn 'Ata
Shab'a
Arnah
Kafr Hawar
Mazra'at Bayt Jinn
Nahr al A'waj
Qal'at Subaybi
Baniyas
Khan Arnabah
Kanakir
Al Qana'bah
Al Jawlan
Al Qunaytirah
(Kuneitra)
As Sanamayn
Inkhil
Al Harrah
Al Jibab
Dishon
Sasa
Jish
NATIONAL RESERVE
Tel Hazor
Hazor
1208
HAR MERON
Zefat
Rama
Maghar
Korazim
Almagor
Migdal
Ginnosar
Lavi
Na'ran
(Golan Heights)
Ar Rafid
Qasim
Ya'rubiyah
Al Mahjar
AREA OCCUPIED BY ISRAEL
Yam Kinneret
(Lake Tiberias)
Teverya
(Tiberias)
YISRAEL
Nazerat Illit
Kefar Tavor
Kinneret
Fiq
Khisfin
Ash Shaykh Sa'd
Nawa
Shaykh Miskin
Izra'
Da'il
Tafas
Shallalat Zaizun
Buhairet Mzairib
Al Turrah
Shallalat Tell Shahab
Saham
Adh Dhunaybah
Umm Qays
Wadi ash Shallalah
Maliha
Ghariyah ash Sh
Kokhav Hayarden
Ma'ad
Wadi al 'Arab
IRBID
Hawwarah
Dar'a
Ar Ramtha
Dayr Abu Sa'id
Bet She'an
Al Hisn
Al Buwaydah
Sama
Tabaqat Fahl
AL URDUNN
'Ajlun
'Anjarah
Jabal 'Ajlun
Qafqafa
Rihab
Al Mafraq
Umm as
Tubas
Kurayyimah
Jarash
Al Madwar
Thughrat al Jubb

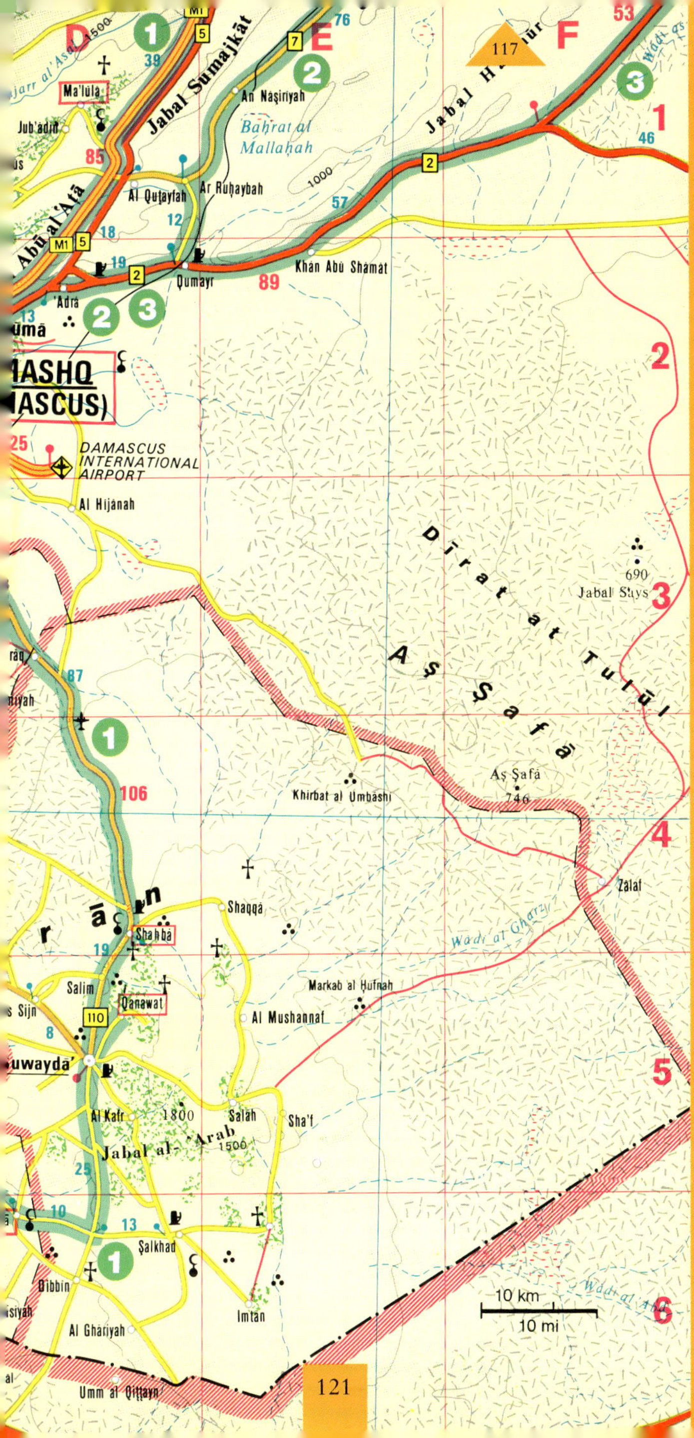

D
E
F
1
2
3
4
5
6
Ma'lūla
Jub'adin
Jabal Sumajkāt
An Nāşiriyah
Bahrat al Mallahah
Jabal
117
Al Qutayfah
Ar Ruhaybah
Abū al 'Atā
Qumayr
Khān Abū Shāmāt
'Adrā
Dūmā
DIMASHQ
(DAMASCUS)
DAMASCUS INTERNATIONAL AIRPORT
Al Hijānah
Dīrat at Tulūl
Aş Şafā
Jabal Says
690
Khirbat al Umbāshi
746
Zalaf
Wadi al Gharz
Shaqqā
Shahbā
Salim
Qanawāt
Markab al Hufnah
Al Mushannaf
Suwaydā'
Al Kafr
Salah
Sha'f
Jabal al-'Arab
1800
1500
1000
Şalkhad
Dibbin
Imtān
Al Ghāriyah
Umm al Qittayn
Wadi al Ab'ad
10 km
10 mi
M1
5
7
2
110

In diesem Register finden Sie alle in diesem Führer beschriebenen Orte, Ausflugsziele, Berge und Flüsse. Halbfette Seitenzahlen verweisen auf den Haupteintrag, kursive auf ein Foto.

Was bekomme ich für mein Geld?

Währungseinheit ist das Syrische Pfund (SP). Die Syrer sprechen von Lira. Banknoten gibt es als Scheine von 500, 100, 50, 25, 10 und 5 Pfund. Das Syrische Pfund hat sich erstaunlich gut stabilisiert.

Hotels der gehobenen und mittleren Preisgruppe müssen in US-Dollar bezahlt werden. Dabei wird der relativ günstige Preis in Syrischen Pfund zu einem ausgesprochen ungünstigen Hotelkurs umgerechnet. Die Abschaffung dieser Praxis wird diskutiert. Kategorie und staatlich festgelegter Preis eines Hotels sagen oft wenig über die gebotene Leistung aus.

Wer nicht in den allerbilligsten Absteigen übernachten will und auf einen Mietwagen sowie den Besuch teurer Restaurants verzichtet, sollte mit Reisekosten von mindestens 40 Euro pro Tag rechnen. In den Luxushotels können Sie mit Kreditkarten bezahlen sowie problemlos und ohne Zusatzgebühren Bargeld zum offiziellen Kurs tauschen.

In einfachen Lokalen und Imbissbuden bekommt man ein Gericht ab 1,50 Euro. Ausländische Zigaretten kosten ab 1 Euro. Der Eintritt in einen Hammām kostet ab 3 Euro. Ein Logenplatz im Kino ist für rund 1 Euro zu haben, eine Zugfahrt erster Klasse von Damaskus nach al-Lādiqiye für weniger als 2,50 Euro.

Euro	Sp	Sp	Euro
1	57	10	0,18
2	113	50	0,88
3	170	75	1,33
4	226	100	1,77
5	283	200	3,54
10	565	250	4,42
20	1.131	300	5,31
30	1.696	400	7,07
40	2.262	500	8,84
50	2.827	600	10,61
60	3.392	700	12,38
70	3.958	750	13,27
80	4.523	800	14,15
90	5.088	900	15,92
100	5.654	1.000	17,69
200	11.306	2.500	44,22
300	16.961	5.000	88,44
500	28.269	10.000	176,87
750	42.403	15.000	265,31
1.000	56.538	20.000	353,75

Bei Zahlungen per Scheck oder Kreditkarte am Urlaubsort werden oben stehende Kurse zu Grunde gelegt. Stand: März 2001